サロンワークのための新パーマメソッド
Curl Control by DADA CuBiC

Contents ● ● ●

004	Message
008	DADA CuBiC Curl Control Method
010	Curl Design Variation
018	Curl Control Triangle Method
020	Triangle 1 Base Cut フォルムコントロール ベーシック
034	Triangle 2 Winding ワインドコントロール ベーシック
046	Triangle 3 Chemical ケミカルコントロール ベーシック
054	Method Point 1 欲しいカールとセニング×ワインドの関係
058	Method Point 2 カールデザインの読み取り方と組み立て方
064	Curl Control Case Study カット&パーマのケーススタディ
066	Theme Style A Aラインウエーブのロングレイヤー
080	Theme Style B 丸いボリューム感のあるマッシュ系ボブ
094	Theme Style C Aラインウエーブのミディアムレイヤー
108	Curl Control Point & Technique 毛流コントロールのワンポイントテク
110	Design Recipe
114	Credit

It's not a perm.
「パーマをかける」という概念を、いったん捨てよう

Message from Takahiro Uemura
基本的にGとLの組み合わせで構成されている、ヘアデザインのフォルム。そのフォルムをさらに劇的に変えることのできるアイテム、それが「カール」＝パーマです。例えば、Gベースに生まれる立体的なカール、Lベースの流れるようなウエーブ…。GとL、それぞれ異なる毛の重なりが作り出すカールの表情、フォルムのバリエーションはダイナミックな面白さに溢れています。では、その「カール」を自在にコントロールするために

But, It's a curl.

「カールをデザインする」という意識を持とう

は、どんな発想、テクが必要なのか？　その答えがこの本です。もしかしたら、あなたのこれまでのパーマの手法とは異なる部分が多いかもしれません。でもぜひ一度、まっさらな状態でトライしてみてください。ここに紹介するテクには、カット、ワインド、ケミカルをトライアングル状に結ぶ「必然性」が存在します。デザインの変化が大きいだけに、成功したときの喜びも大きいのがパーマメニューです。鏡の中のお客さまの嬉しそうな顔を思い浮かべて、さあ、今日からスタートしましょう！

For your design.

「カールをデザインする」という意識を持とう

Autumn

Message from Emi Yoshimura
「パーマ」と言うと、どうしても「パーマをかける」ことそのものに意識がいってしまいがち。だからこの本ではあえて、「カールデザイン」と呼んでいます。まずは「どこにカールがあると、より素敵なデザインになるか」をイメージしましょう。そうすれば全部にロッドを巻く必要がないことも、左右非対称に巻く場合があることも、部分によって薬剤や機器を変えていくことも、自然に発想できるようになるはず。ただし、その前提として、薬剤や

機器に対する知識はかかせません。自分が今サロンで使っている薬剤や機器の特徴を熟知して、初めて自由にカールをコントロールすることができるのです。「カールをデザインする」ということは、とてもフレキシブルで楽しい仕事です。カットやカラーだけでは出せない、多彩な造形や質感を表現することが可能なのです。この本でぜひ、新しいパーマ発想＝カールコントロールのおもしろさを発見してくださいね。

Winter

For your customer.
春夏秋冬、常に新鮮なデザインを提案していくために

機器に対する知識はかかせません。自分が今サロンで使っている薬剤や機器の特徴を熟知して、初めて自由にカールをコントロールすることができるのです。「カールをデザインする」ということは、とてもフレキシブルで楽しい仕事です。カットやカラーだけでは出せない、多彩な造形や質感を表現することが可能なのです。この本でぜひ、新しいパーマ発想＝カールコントロールのおもしろさを発見してくださいね。

DADA CuBiC Curl Control Method

ダダ・キュービックのカールコントロール・メソッドとはなにか？

Triangle Theory

トライアングルの3原則

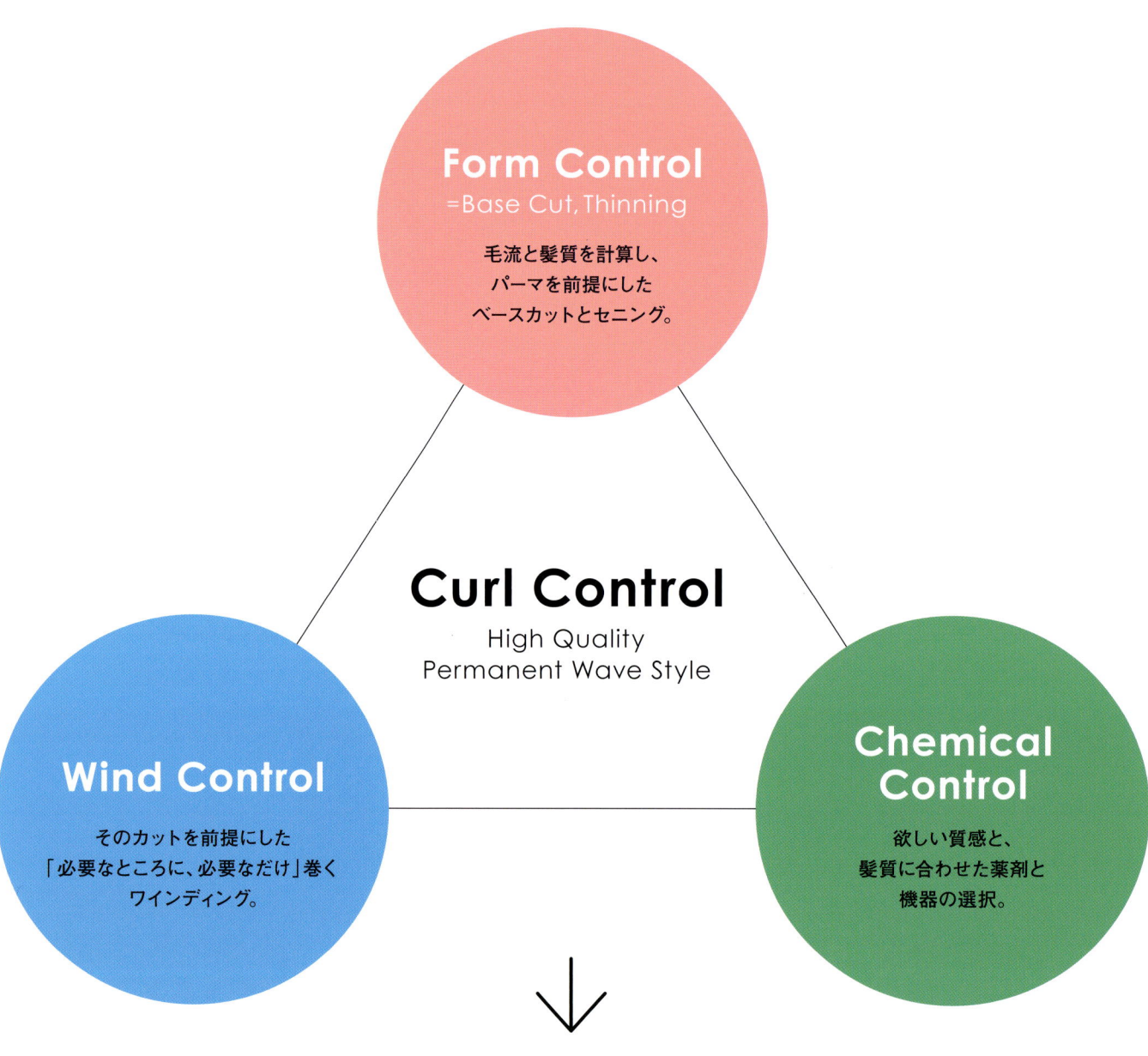

この3つが揃って初めて、クオリティの高い
カールデザイン（パーマスタイル）が完成する。

Principle

カット、ワインド、薬剤操作 10の法則

1 ベースカットで「いらない部分」は取りきる

いらない部分＝フォルム的にいらない、ボリューム的にいらない、傷んでいるからいらない場所。取りきったところは「いらない部分」なのだから、原則的にロッドは巻かない。

2 毛流を徹底的に手なづける

ベースカットとセニングの目的は、イメージするフォルムと動きの土台を作っておくこと。フォルムのじゃまをする毛流は、カットの段階でしっかり「抑える」ことが肝心。インナーセニング、立体裁断などのテクを駆使して、毛流をコントロールする。毛流が左右対称な人は少ないので、カットも左右非対称になる場合が多い。

3 アフターカットはしない

ムダな作業だから。アフターカットをすると時間もかかるし、せっかく作ったカールの質感を壊す。キューティクルの損傷も進む。だから最初から仕上がりを細部までしっかりイメージし、アフターカットをしない前提でベースカットとセニングを行う。

4 カット終了時点で、パーマの仕上がりを細部までシミュレーション

巻く前にしっかりイメージできていれば、どこにカールが必要で、どこにいらないかが分かる。結果的にワインディングも必要最小限になるし、仕事も早くなる。

5 セニングした場所には巻かない

ワインディングは「必要なところに、必要なだけ」。巻く場所と巻かない場所は、カット終了段階ですでに決まっている。毛量を減らすことだけを目的にセニングした場所には巻かない、しなかった場所には巻く、が基本。セニングした場所に巻いたカールはきれいじゃないし、傷んで見える原因にもなる。

6 カットに合せるから、ワインディングも左右非対称

毛流に合せて左右非対称にセニングや立体裁断が入っていた場合、それに合せるワインドも当然、左右非対称になる。どこに毛がたまってボリュームが出やすいか？ 逆にどこがフラットになりやすいか？ を計算しながら巻く。

7 薬剤は、髪質と欲しい質感に合わせて選択

パーマ剤や処理剤の選択で、最終的な仕上がりの「風合い」が変化する。その髪はどんな状態？ イメージする質感と動きを出すには、どんな薬剤が適している？ この薬剤を使っても、その髪にまだ「足りない」ものはなに？ これらを考えていくと、適正なパーマ剤と処理剤が浮かび上がってくる。

8 メリット、デメリットを把握して、機器を使いこなす

デジパー、エアー、スチーム、クリープ…薬剤だけでなく機器の選択も、それぞれの特徴を把握して柔軟に考える。しっかりとかけたい1本だけホット系、その他はコールド…といった使用法もある。

9 しっかり鏡を見て仕事をする

パーマは巻くことに集中するあまり、巻いている手元と毛先ばかりを見てしまいがち。常に鏡を見て仕事をすることを心がける。そうすれば全体のフォルムバランス、毛の落ちる位置、カールが必要な場所などがきちんと把握できる。

10 「パーマを巻く」ではなく「カールをデザインする」

「パーマをかけることを勧める」ではなく「カールを取り入れたデザインを提案する」という意識に切り替える。その人に提案するヘアデザインのどこにカールやウエーブが存在すれば、よりかわいいのか、似合うのか。その発想がスタートライン。

Curl Design Variation

いまサロンで人気のカールデザインを集めました。
質感を楽しむものから、
フォルムやボリューム感を強調するものまで、
カールをデザインに加えることで、
デザインは大きく広がっていきます。

hair _ Yumi Saito
make-up&color _ Atsuko Ota
styling _ Noriaki Otsuka (P10〜17)

hair _ Tomohiro Negishi
make-up&color _ Maiko Onoue

hair _ Yuji Nishido
make-up&color _ Atsuko Ota

hair _ Tomohiro Negishi
make-up&color_ Maiko Onoue

hair _ Takahiro Uemura
make-up&color&perm _ Sayaka Tanaka

hair _ Takashi Kojo
make-up&color _ Sayaka Tanaka

hair _ Takahiro Uemura
make-up &color&perm _ Emi Yoshimura

hair _ Takashi Kojo
make-up&color _ Emi Yoshimura

Curl Control Triangle Method

Base Cut

Thinning Cut

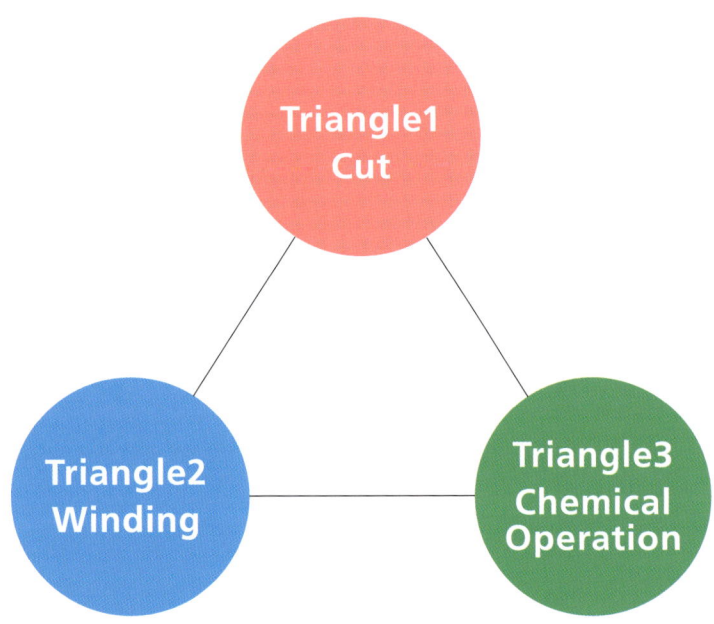

Triangle1
Cut
フォルムコントロール ベーシック

ベースカットとセニングで、フォルムと毛流を徹底攻略。ワインディングの前に、GとLの組み合わせで、目指すフォルムを作っておく。さらにセニングと立体裁断で、「いらない毛流」を処理しておくことが、きれいで再現性の高いカールを実現する。

ここからは、このミディアムスタイルをプロトスタイルとして、
パーマのためのベースカットとセニング、そのカットに合せたワインディング、
求める質感と髪質に合わせたダメージレスな薬剤操作の考え方とテクニックを紹介していきます。

Winding

Finish

Triangle2
Winding
ワインドコントロール
ベーシック

必要なところに必要な分だけ。毛量調節だけを目的にセニングした場所には巻かない。それがきれいでダメージレスなカールを作り出す基本。

Triangle3
Chemical Operation
ケミカルコントロール
ベーシック

例えば、スチームを用い、クリープ原理を利用して、弱い薬剤でも最大限の効果を出す。いかにダメージさせずに求めるカールを出せるか。サロンの真価が問われる部分。

Triangle 1
Cut

フォルムコントロール ベーシック

ここではワインディングに入る前の、ベースカット＆セニングのテクニックを紹介していきます。ベースカットによるGとLの組み合わせで、求めるフォルムに向けてしっかりベースを作った後、フォルムや再現性をくずす毛流などを、セニングや立体裁断で処理していきます。

Cut　ベースカット＆セニング終了状態

Proto Style

- カットベースのエクスターナルは、まずアンダーをGでレングスを決め、フロントサイドはSLに近いG、そこからトップにハイレイヤーを入れる。
- インターナルはオーバーがL、ミドルがG、アンダーがLの構成。
- パーマが加わるので、カットであらかじめはっきりとしたウエイト感を出しておくことが大切。

※エクスターナル=外側を作るパネル構成　インターナル=内側を作るパネル構成

Before　フォルムや毛流に問題のある状態

前上がりのアウトラインのミディアム。前回、中間から毛先を削ぎ過ぎていて、毛先がペラペラになっている状態と設定。伸びて長さが出てしまい、トップはペタッとつぶれている。

イメージするパーマ後のフォルム、質感を計算して、カットベースを作る。

Perm　最終的に求めるカールデザイン

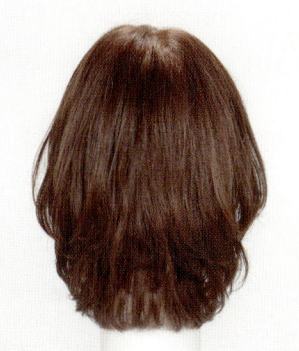

アンダーはS、ミドルはCカール、オーバーはJカールの構成。カールが加わることで、ストレートに比べて華やかな印象に。オーバーをLにしていることで、ウエイトポイント付近に柔らかな丸さが生まれている。

フォルムコントロール Part 1

セクションの特徴を整理する

GとLの構造をアンダー、ミドル、オーバー、3セクションに分けて整理していきます。縦パネルの模型を使って、グラデーション（G）、セイムレイヤー（SL）、レイヤー（L）がどのような段差になるかをおさらいしましょう。オーバーセクションは髪の重なりがイメージできる正面と、髪の落ち方がイメージできる横で見ていきます。

●アンダー
骨格／垂直よりも内側に入る下り坂。
髪の落ち方／ほぼ直線的にまっすぐ下に落ちる。
デザイン的特徴／アウトラインが決まる。

●ミドル
骨格／床に対して垂直に近い下り坂。
髪の落ち方／ほぼ直線的にまっすぐ下に落ちる。
デザイン的特徴／ウエイトが作りやすい。フォルムの厚みが決まる。

●オーバー
骨格／緩やかに外側に向う下り坂。
髪の落ち方／孤を描きながら下に落ちていく。実際には、放射状に広がりながら落ちるので、アンダーやオーバーのように段差はつきにくい。他のセクションと比べて、髪の動く距離が大きい。
デザイン的特徴／ウエイトを構成するミドルにかぶさるため、全体のフォルムの大きさを左右する。バングなどのディテールに大きく関わる。

グラデーション（G）

 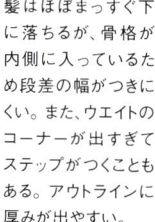 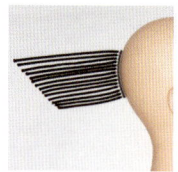  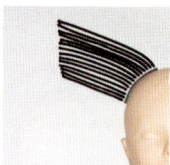

髪はほぼまっすぐ下に落ちるが、骨格が内側に入っているため段差の幅がつきにくい。また、ウエイトのコーナーが出すぎてステップがつくこともある。アウトラインに厚みが出やすい。

髪がほぼまっすぐ下に落ち幅の狭い段差がつき、厚みが出てくる。

孤を描きながら下に落ちるので、アンダー、ミドルよりも段差がつきやすく感じるが、実際には、放射状に広がって落ちるため、段差がつきにくい。また、ウエイトのコーナーが出すぎてステップがつくこともあり、フォルムが四角くなりやすい。

セイムレイヤー（SL）

 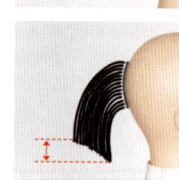 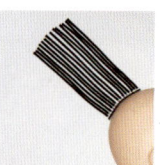 

髪がほぼまっすぐ下に落ち、頭の形にそった段差がつきやすい。

髪がほぼまっすぐ下に落ち、頭の形にそった段差がつきやすい。

 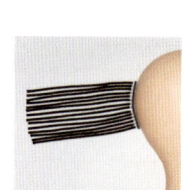

孤を描きながら下に落ちるので、アンダー、ミドルよりも段差がつきやすく感じるが（写真右）、実際には、放射状に広がって落ちるため、段差がつきにくい。髪が同じ高さに落ちることもあり、厚みとして残ることもある（写真左）。

レイヤー（L）

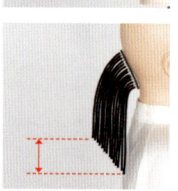 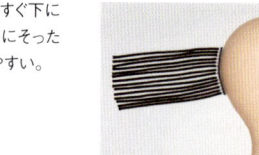 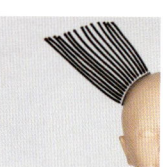 

髪がほぼまっすぐ下に落ち、幅の広い段差がつき、アウトラインはうすくなる。

髪がほぼまっすぐ下に落ち幅の広い段差がつく。アンダーセクションよりも、毛先に動きが出てくる。

   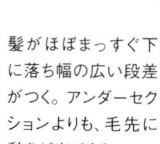 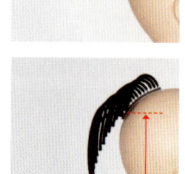 

放射状に広がって落ちるので、アンダー、ミドルよりも段差がつき、毛先に動きが出る（写真右）。実際には、放射状に広がって落ちるが、グラデーションやセイムレイヤーと比べると幅の広い段差がつき、毛先に動きが出る。

フォルムコントロール Part 2

基本のセニングの種類を知る

縦パネルの模型を使って、セニングの種類とそれぞれの特徴、効果を確認していきましょう。
ここでは、セニングの特徴が理解しやすいように、セイムレイヤーのパネルを例にし、
骨格が垂直に近いバックセンターのミドルセクションで実験しています。

＊この実験は、セクションやセニングの性質を知るためのものであり、実際の施術では、
デザインや毛流・骨格に合わせて、細かいゾーンごとに対応していきます。

●ルーツセニング

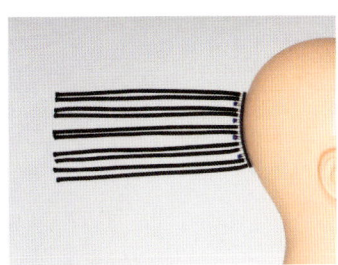

根元から毛束を間引いていく方法。ピッチの数を増やすと、ベースカットのフォルムを変えずに、より多くの量感を減らすことができる。

●メリット
ベースカットで作られたフォルムを変えずに、そのまま毛量だけを減らすことができる。最も量感を減らせるテクニック。

●デメリット
ツンツンと短い毛が立ち上がって表面から見えてしまうため、生え際付近やオーバーセクションには使いづらい。

●エンズセニング

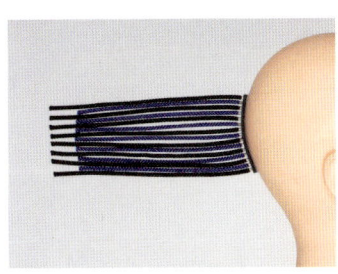

毛先を均一に間引いていく方法。ピッチの数を増やすと、毛先により動きやニュアンスを出すことができる。

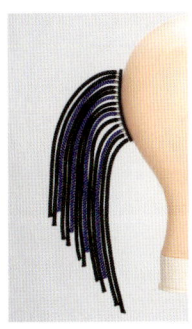

●メリット
毛先の質感を柔らかくなめらかにすることができ、アウトラインなどのニュアンスをつくりやすい。

●デメリット
短いレングスに対して使うと、フォルムの厚みが増してくる。

●セニンググラデーション

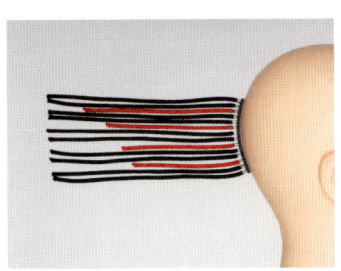

パネルをグラデーション状に間引いていく方法。ピッチの数を増やすと、より多くの量感を減らすことができ、セニングで生まれる丸さや重さの、フォルムに与える影響が大きくなる。

●メリット
丸さ、重さをつくりながら、表面を汚さずに毛量を減らすことができる。アングルによって、フォルムを調節できる。

●デメリット
フォルムに重さや厚みが生まれるので、オーバーセクション（バングは除く）、ミドルセクションには使用しない。ただし、毛流対応と、すべてG構成でカットされたベースには使用することがある。

●セニングレイヤー

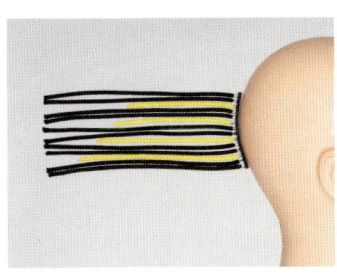

パネルをレイヤー状に間引いていく方法。ピッチの数を増やすと、より多くの量感を減らすことができ、毛先の動きが増してくる。

●メリット
レングスをキープしたまま、大きく毛量を減らすことができる。アングルによって、フォルムを調節できる。すべてのゾーンに用いることができる。

●デメリット
入れる量が増えると、動きは増すが、質感が汚くなってしまう。

セニングのアングル

フォルムコントロール Part 3

縦パネルの模型でグラデーションベース、レイヤーベースに対する、セニンググラ、セイムレイヤー（SL）状のセニングレイヤー、セニングレイヤーというアングル違いの効果を確認します。

● グラデーションベース

	セニンググラデーション	SL状のセニングレイヤー	セニングレイヤー

オーバーセクション

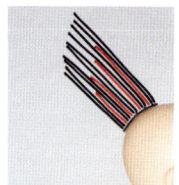 四角くなりやすいGベースが、さらに四角くなる可能性がある。が、切り口と平行にセニングすれば、フォルムを変えずに毛量を減らせる。

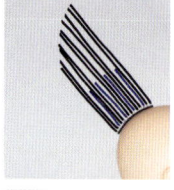 骨格上の性質が影響して、Gベースの重さが若干軽くなる。ただし、広い面積で考えると、頭が四角くなる可能性がある。

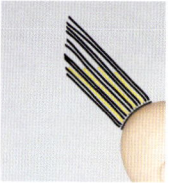 大きく量感を減らせ、フォルムがフラットになるので、オーバーの量感調整に適し、小顔効果が期待できる。

ミドルセクション

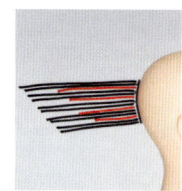 オーバーラップすることはないがステップができる可能性があり、さらに厚みができてしまったりフォルムを壊したりする危険性がある。

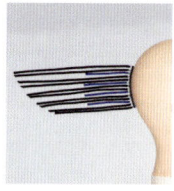 セニングを入れた部分は、頭のシルエットと同じ状態で落ちてくるので、Gベースの重さ・フォルムを変えず、厚みだけを減らすことができる。

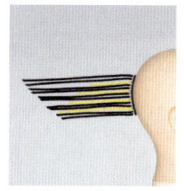 大きく量感を減らすことができるが、フォルムに影響してしまうので、Gベースのフォルムを壊してしまう危険性がある。

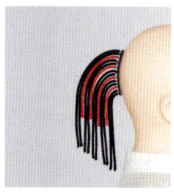

アンダーセクション

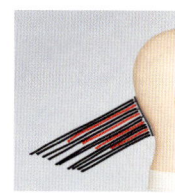 Gベースの丸さが強くなる。また、内側が削がれて毛先の収まりはよくなるが、アウトラインが薄くなるので、フォルムの厚みが増すように見える。

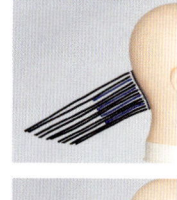 セニングを入れた部分は、頭のシルエットと同じ状態で落ちてくるので、Gベースの重さ・フォルムを変えずに、厚みだけを減らすことができる。

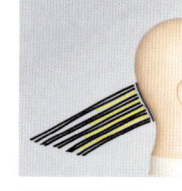 大きく量感を減らせるので、Gベースのフォルム、アウトラインの厚みを減らすことができる。

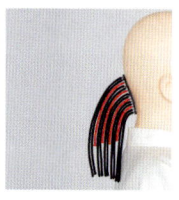

*この実験は、セクションやセニングの性質を知るためのものであり、実際の施術では、デザインや毛流・骨格に合わせて、細かいゾーンごとに対応していきます。

● レイヤーベース

セニンググラデーション	SL状のセニングレイヤー	セニングレイヤー

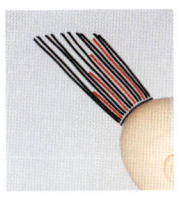
広い段差がつき毛先に動きが出てくる。ベースとなじまず、角が目立ってきて、頭が四角く大きくなる可能性がある。

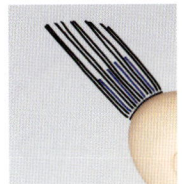
骨格上の性質が影響して、Lベースのフォルムが若干小さくなる。ただし、広い面積で考えると、頭が四角くなる可能性がある。

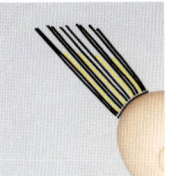
大きく量感を減らし、フォルムを小さくできるので、オーバーの量感調整に適し、小顔効果が期待できる。より、毛先に動きが出てくる。

結果

オーバーセクション／フォルムの大きさを決める

セニングレイヤーが適している

フォルムの大きさを決めるオーバーセクションでは、大きく量感を減らしフォルムを小さくすることができるセニングレイヤーが適している。
ただし、ベースカットの形を変えずに厚みだけを取り除きたい場合には、ベースのカットアングルと平行にセニングを入れていくといい。

オーバーラップすることはないがステップができる可能性があり、フラットなLベースに厚みを出したりフォルムを壊したりする危険性がある。

セニングを入れた部分は、頭のシルエットと同じ状態で落ちてくるので、Lベースのフォルムを変えずに、厚みだけを減らすことができる。

大きく量感を減らすことができるが、フォルムに影響して厚みを減らしてしまうので、Lベースのフォルムを壊してしまう危険性がある。

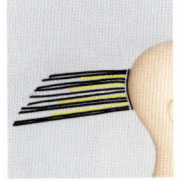

ミドルセクション／ウエイトがつくりやすく、フォルムの厚みが決まる

セイムレイヤー状のセニングレイヤーが適している

フォルムの中でのウエイトをつくることが多いミドルに、セニンググラ、セニングレイヤーを入れて、ウエイト（フォルム）を変えてしまっては、ベースカットが無駄になってしまう。つまり、ベースカットの形を変えずに、厚みだけを取り除きたいミドルセクションには、セイムレイヤー状にセニングレイヤーを入れることが適している。

フォルムの内側が削がれるので、毛先にハネが出やすくなる。アウトラインが薄くなるので、量感は減っているがフォルムの厚みが増すように見える。

セニングを入れた部分は、頭のシルエットと同じ状態で落ちてくるので、Lベースのフォルムを変えずに、厚みだけを減らすことができる。

大きく量感を減らすことができるので、Lベースでつくったフォルムの厚みを減らすことができ、動きも増してくる。

アンダーセクション／アウトラインが決まる

アウトラインに合わせてゾーンセニングを使い分ける

アンダーセクションに関しては、アウトラインをどうつくりたいのかによって、セニンググラ、セニングレイヤーを使い分けていくことが大切になる。
また、ミドルセクションを含むアンダーセクションに関しては、骨格と平行（セイムレイヤー状）にセニングを入れると、ベースカットの形を変えずに厚みを減らすことができる。

Part 4 フォルムコントロール

ベースカットの組み立てプロセス

ここからはP18〜21で提示したプロトスタイルを例に、ブラントカットの組み立て方を紹介していきます。この後のセニングの量を減らすためにも、ブラントによるベースカットはとても重要。

Point
- カットだけで仕上げる時より、フォルムのメリハリをよりはっきり出す。
- セニングを極力少なくするため、ベースカットの段階で、GとLを組み合わせてしっかりフォルムコントロール。

1 Beforeの読み取りと骨格チェック

ここではウイッグだが、人間の場合は骨格をチェック。ハチはり、ゼッペキなど骨格的問題点は、ベースカットの段階でできるだけ解決しておく。パーマの場合、セニングした場所に巻くとカールが荒れるし、傷む原因にもなる。そのためカットだけで仕上げる時よりも、余分な重さはすっきりと取っておき、この後のセニングを減らす。パーマの時は、カットだけの時よりメリハリのついたカットベース作りを意識することが大切。

2 毛流と毛先の厚みをチェック

まずは顔周りのチェックから。フロントの長さ（丈感）と、ここにどのくらいの厚みを残すか、どんな質感を作るかは、似合わせに直結するため重要。写真のように、重いと感じるところをパーツごとにつかんで残りの量感を確認してみると、取り去るべきところ、残すべきところが明確になる。サイドが重いと感じても、実はテンプル付近の量感がそう感じさせている、といった場合もある。また毛先のダメージと削ぎ具合の確認も大切。削がれ過ぎている時は、逆に削ぎ部分をカットで落として、厚みを作るようにする。

3 ベースカットの設計図を組み立てる

Before

Idea 1
まずはバングの設定とレングスの設定。削がれ過ぎの部分は取る？

Beforeはバングレス、前上がりのアウトラインが削がれ過ぎている状態。下写真のカットベースに持っていくには、レングスをもっと詰め、前上がりのラインにして、削がれ過ぎている部分に厚みをつける必要がある。ウエイトラインは重めで、はっきりと出るように設定。

Idea 2
重めのウエイトラインだから、Gの積み重ねで構成？

ウエイト感のある重めのカットベースで、あまりくびれ感のないフォルムのパーマスタイルを目指しているので、エクスターナル、インターナル共にすべてG構成で考えてみた。ではこの展開図のように切るとどうなるかというと…。バックの低い位置にウエイトラインは出るが、下写真のような丸みは出ない。またエクスターナルのGに加えて、トップを水平に切ってしまうと、フェイスラインにかなり重さがたまって厚みを出してしまう。ここにパーマをかければ、さらにボリュームアップして重い頭に…。

Idea 3
Lを組み合わせて、軽さと丸さを出し、パーマ後にメリハリが出るようにする

カールが加わることを考えると、エクスターナルがGだけでは重すぎるし、動きが出ない。ここはトップをハイレイヤーにして軽さを出し、下に行くに従って徐々にセイムからGに移行する構成とする。フロントサイドにGのカドを残すことで、メリハリが出て若々しくなる。インターナルはアンダーをL、ミドルをG、オーバーをセイム気味のLにすることで、逆にウエイトの丸みが強調され、カールが加わった時に立体感のあるフォルムとなる。カットベースはパーマのボリュームが加わった時のことをイメージし、取るところはしっかりと取り去って、メリハリをつけておくことが大切。

After Base Cut

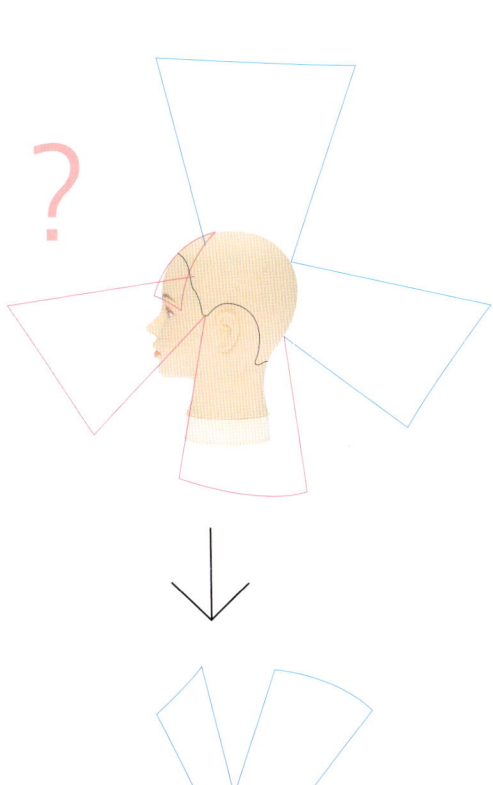

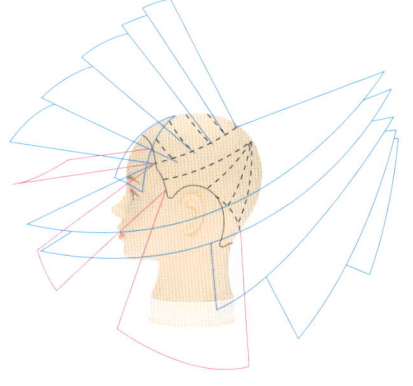

4 ベースカットが適正でないとどうなる？

OK! ●適正だった場合

Base Cut　　　　　　Perm

●切り足りなかった場合　NG!

Base Cut

Perm

●切り過ぎた場合　NG!

Base Cut

Perm

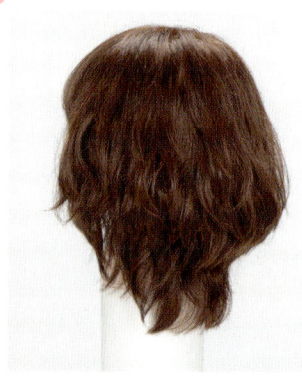

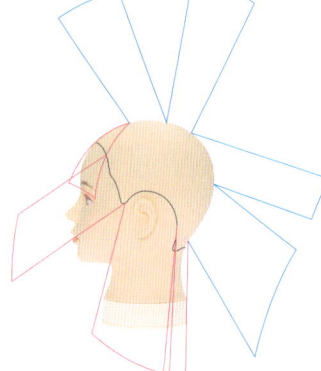

トップにLが入っておらず、顔周りもGのカットベース。ウエイトの位置は上写真のベースとほぼ同じだが、Gのみなのでフォルムにメリハリがない。OK!と同じ巻き方をすると、オーバーが重すぎてウエーブ感が出てこないし、毛先のカールがなじみにくく野暮ったい印象になる。フロントサイドや耳周りは重さがたまり過ぎている。

エクスターナルをトップからセイムでつなげて、インターナルを高い位置から、一気にG〜Lでアウトラインにつなげている。そのためウエイト位置が高くなり、すそがペラペラの状態に。ここにパーマをかけると、ウエイト付近にカールがたまりすぎて、かえって頭が大きく見えてしまう。これをアフターカットで処理しようとすると、質感がバサバサに。

フォルムコントロール Part 5

セニングと立体裁断の組み立てプロセス

ベースカットでフォルムのベースを作ったら、それだけでは取り切れなかったボリューム感や
じゃまな毛流を処理したり、質感を出すためのベースを作るのがセニングと立体裁断です。
まずはプロトスタイルのセニング前とセニング後を見てみましょう。

> **Point**
> - どこにボリュームが出るか？ それが目指すフォルムに対してじゃまをするか、しないか？ によって対処法を判断。
> - セニングも、ノンパーマの時よりメリハリをつける。中途半端な深さのセニングは、カールを荒らすので避ける。

1 ベースカットだけでは取り切れない毛流をコントロール

After Base Cut

ベースカット終了段階で基本のフォルムはできているが、まだ取り切れていない毛量や毛流がある。それをセニングや立体裁断を使って処理する。ここでは、①バングの厚み、②テンプル部分の重さ ③クラウン部分の重さ ④もみあげ部分の重さ ⑤ミドル〜アンダーのパーマをかける部分（パーマでボリュームアップすることを計算）などを調節する。パーマをかけず量感を取りたい部分は、細かいピッチで。束感を出したい部分は大きなピッチで、が基本（パーマをかける部分は、ピッチを細かくするとカールが崩れる）。

Thinning Cut

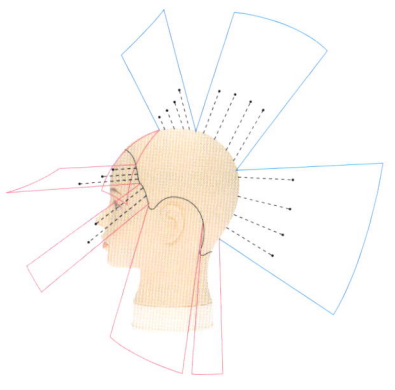

テンプルには深めのセニングレイヤーを入れ、量感を取る。フロントサイドはピッチの大きなセニンググラを入れ、量感を左右均等にする。アンダーセクションは束感が出るように隙間を空けたいので、毛量のたまりやすいバックセンター（特にぼんのくぼ周辺）はセニングレイヤーを入れ、フォルムを壊さずに束感を出す。イア・トゥ・イア上には深めのセニングレイヤーを入れて、量感を取りながら束感を出す。バングもカットラインと平行にセニングし、厚みを取る。

2 よくある毛流と生えグセの対処テクニック

a 左サイドのフォワードに向かう毛流で、フロントサイドが膨らむ。
b 右サイドのリバースに流れる毛流で、毛先がハネる。
c バックの毛流のぶつかりあいで変なボリュームが出る。ハネてしまう。

セニングと立体裁断で毛流を落ち着かせる

a フォワードに流れる左サイドの毛流を、セレニングレイヤーでフラットに

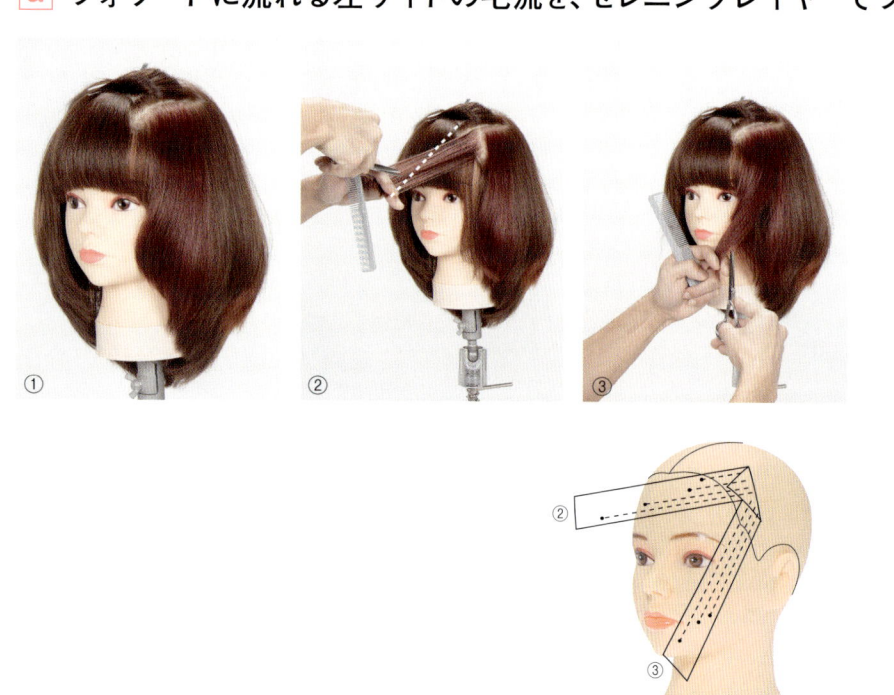

①左サイドがフォワードに巻きこむ毛流は、よくあるパターン。②これは根元からの毛流が原因なので、1パネルずつ細かくセニングレイヤーを入れて、毛流の力を弱める。③下のセクションにいくほどレイヤーの角度を浅くし、アンダーセクションだけはセニンググラにすると、フラットになって落ち着く。

b 右の毛先のハネを立体裁断で落とし、セニングレイヤーで落ち着かせる

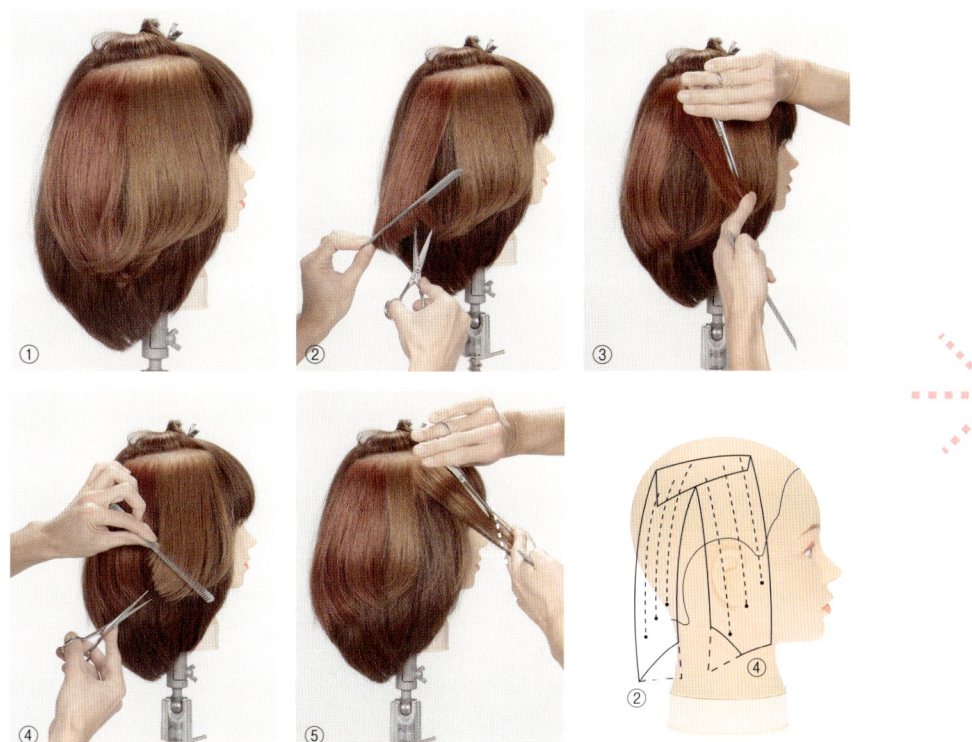

①右サイドは、耳後ろで前からと後ろからの毛流がぶつかり合い、毛先がハネて膨らんでしまっている。②まず後ろから前に向かうパーツをハイレイヤーのアングルで立体裁断し、③セニングレイヤーでフラットにする。④次に前から後ろに向かうパーツをGのアングルでカットし、⑤やはりセニングレイヤーで裁断を入れて、コンケーブを入れる形にし、毛流を抑える。

c バックのぶつかり合う毛流を、立体裁断とセニングで切り離す

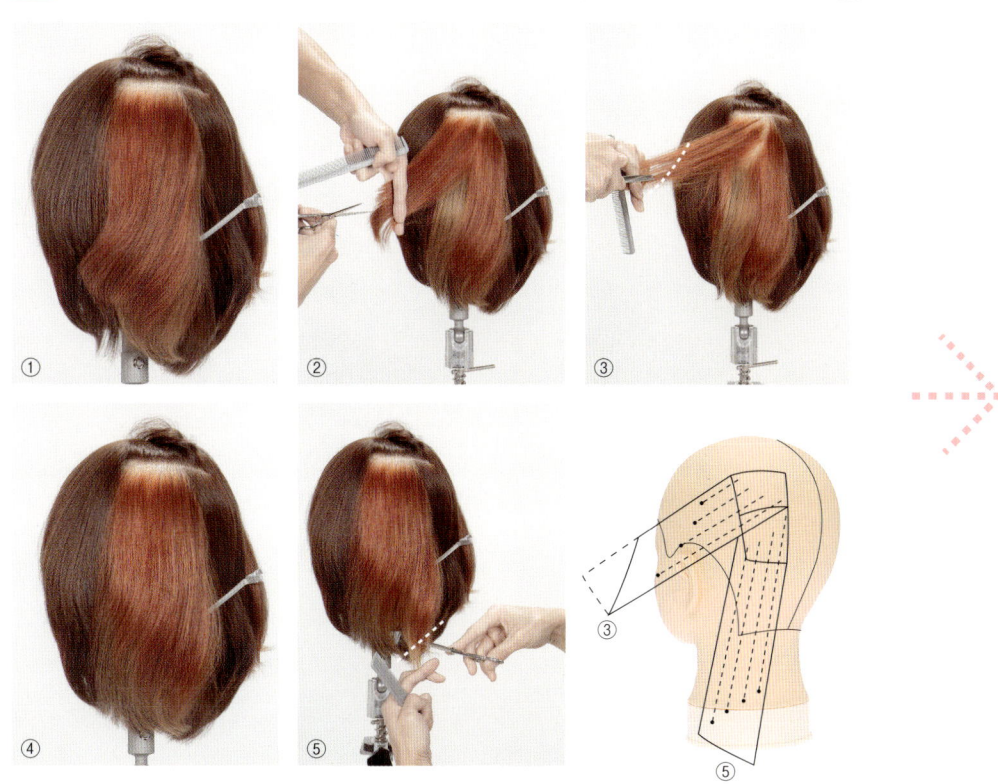
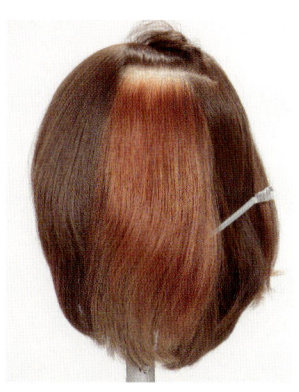

①バックセンターで左右の毛流がぶつかり合って、余分なボリュームやハネが生まれることが多い。②まずどちらのクセを取り去り、どちらを活かすのかを決め、取り去る方の毛流のうねりが強くなるところを落とす（立体裁断）。③落とした部分の厚みを取るためにセニングレイヤーを入れる。④右から左に流れる毛流が弱くなった。⑤アウトラインはセニンググラで毛量を減らしなじませる。

hair _ Tomohiro Negishi
make-up&color_ Maiko Onoue   033

Triangle 2
Winding

ワインドコントロール ベーシック

ベースカットに対する、ワインディングの考え方を見ていきましょう。
ベースカット&セニング終了の段階で、すでに巻く場所、巻かない場所の目安はできています。
さらにワインドでどのようなことをコントロールすればいいのかに注目してください。

Perm　パーマ終了後

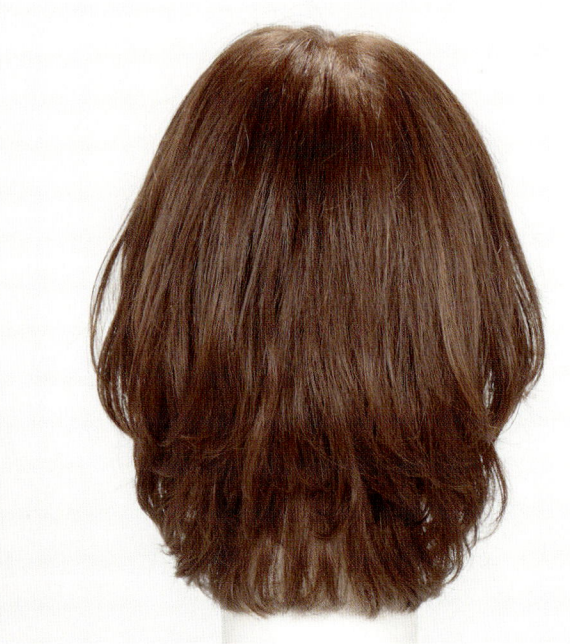

Proto Style

- プロトスタイル（P20のカットベース）に、アンダーはSカール、ミドルはCカール、オーバーはJカールを加えたパーマスタイル。
- カットで作られたフォルムのベースを崩さずに、耳周りにふんわりしたボリューム感を出す。
- 前に出てくるアンダーセクションはSカールにして、ウエーブ感をしっかり表現。

Cut　ベースカット＆セニング終了後

ベースカット＆セニングが終了し、カットベースができあがった状態。アゴ下のウエイトラインやひし形っぽいフォルム、サイドの束感など、全体のカタチや質感のベースはすでに作られている。

セニングを入れた場所には、基本的に巻かない。

Winding　ロッドオンの状態

アンダーはSカール、ミドルはCカール、オーバーはJカールで、17〜23ミリロッドを使用。セニングを入れてフラットにしたテンプル付近はカールがいらない。アンダーは束感を出したかったので、大きめのピッチでセイム状のセニングレイヤーを入れている。ここはセニングの手前までを巻き込む。

ワインド
コントロール

Part 1

ワインディングの基本

ロッド径、スライス、巻き方…ワインディングはいくつかの要素を組み合わせて、
様々なカールやウエーブを作り出します。
ここではその要素と、パーマのための素材チェックをおさらいしましょう。

1 ワインディングの要素

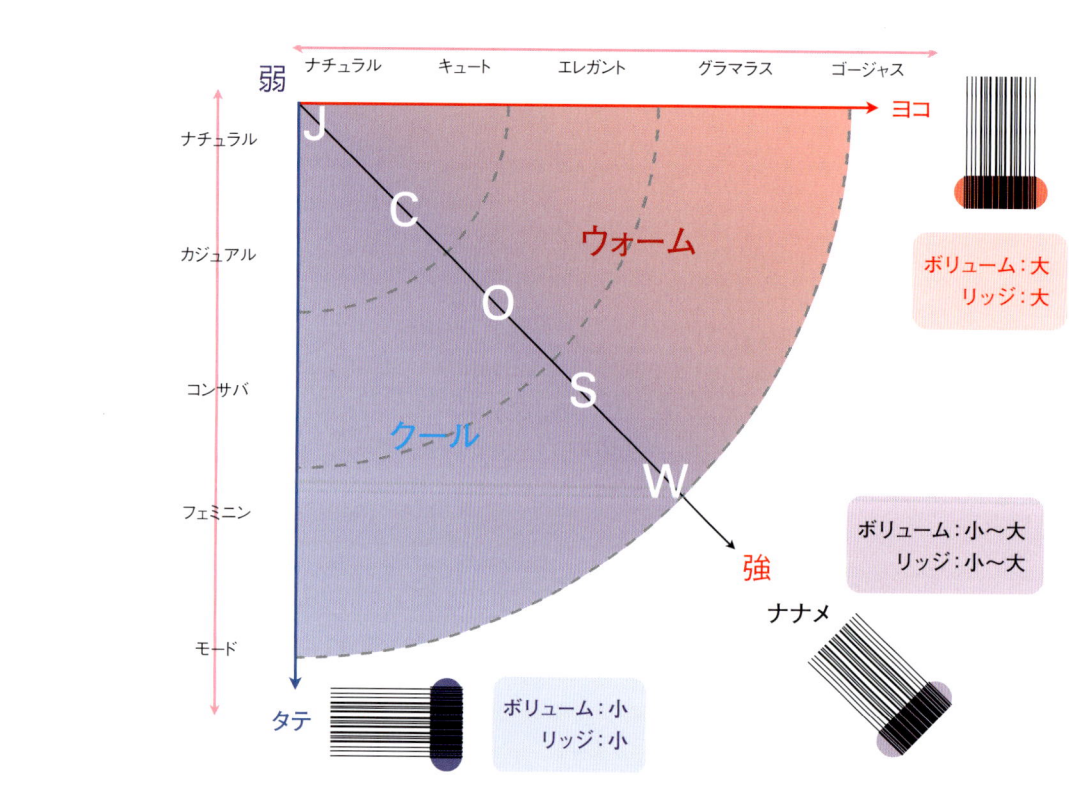

●ワインディングの要素
以下の要素を組み合わせて、ワインディング方法を決定します。

● 巻き方	平巻き
	逆巻き
	スパイラル
	ツイスト
● どこから巻くか	根元巻き
	中間巻き
	毛先巻き
● 毛先の処理	毛先逃がし
	巻き上げ
	巻き込み

● 毛束を引き出すステム	アップ、ダウン
● 毛束を引き出す方向	前、後
● スライスの幅（毛束の厚み）	薄い、厚い
● スライスの角度	縦、斜め、横
● 巻く方向	フォワード
	リバース
● 毛束の巻き込みの間隔	つめる、つめない
● ロッドに対する巻き方の角度	垂直、斜め
● ロッドの太さ	ロッド径
● ロッドの種類	レギュラー
	ロング
	円すい

2 パーマのための骨格と髪質チェックポイント

●骨格対応
以下のような骨格の特徴を確認し、それに対してどのような対応をしていくかを決めます。

● ハチ張り	あり、なし
● 頭頂部	高い、低い
● 後頭部の丸み	あり、なし（ゼッペキ）
● 左右の違い	丸み、張りのあり、なし等

●生えグセ、毛流対応
以下のような毛流の特徴を確認し、それに対してどのような対応をしていくかを決めます。

● 左右のハネ	
● 毛流の方向、強さ	

3 基本のJ、C、Sカールと回転数

※すべて23ミリで平巻き

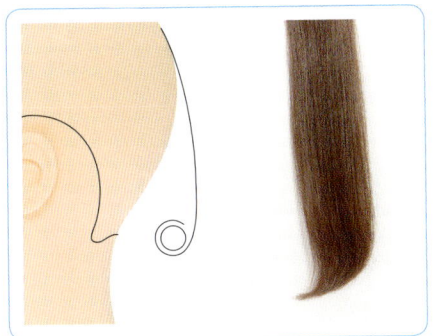

●Jカール
毛先から1回転巻くとJカールに。ほぼ直毛で、毛先だけがわずかにクセづく程度の質感になる。

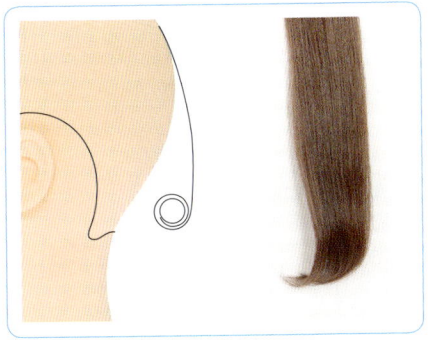

●Cカール
毛先から1.5回転巻くとCカールに。毛先にややカール感が現れる。

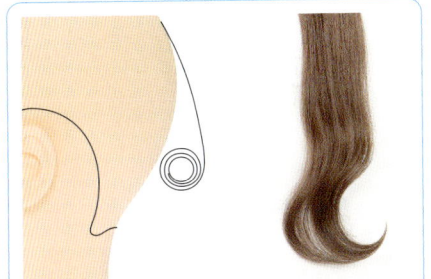

●Sカール
毛先から2.5回転巻きこむとSカールに。フルウエーブ状になる。

4 基本の根元巻き・中間巻き・毛先巻き

※すべて19ミリでスパイラル巻き

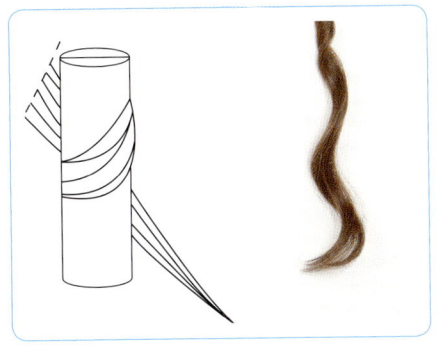

●根元巻き
根元にしっかりとかかり、毛先にいくほど緩くなる。カールが根元に欲しい時やボリュームアップしたい時などに用いる。

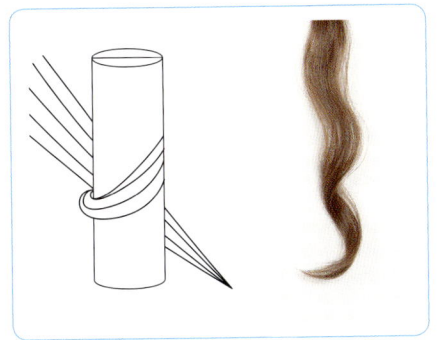

●中間巻き
中間にしっかりかかる。毛先のダメージ毛のかかり過ぎを防ぎ、削がれた毛先を均一なウエーブに近づける。

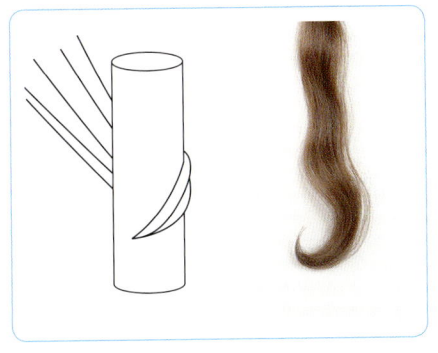

●毛先巻き
毛先にしっかりとかかり、根元に行くほど緩くなる。毛先にはっきりとしたカールが欲しい時に用いる。

ワインドコントロール Part 2

ワインディングのゾーン

ここではワインディングのためのゾーン発想を説明します。
基本となる3分割ゾーンと、それをさらに細分化した7分割ゾーンで、
頭の部位ごとのカールの出方を理解しましょう。

> **Point**
> - まず3分割ゾーンで、全体のフォルムと、大まかなロッド構成を考える。
> - 次に7分割ゾーンで、パーツごとのカールの見え方、ボリューム感、質感を考え、ディテールの表現やフォルムの微調整をする。

1 ゾーンの役割

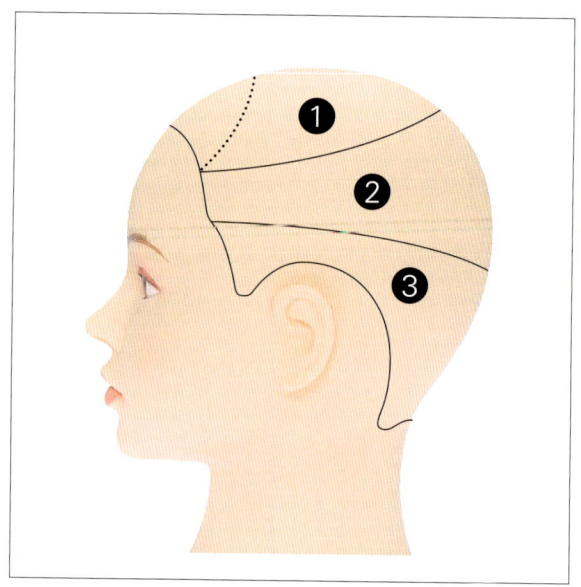

●3分割ゾーン

基本はカット同様、ハチ上、こめかみ部分で3つに分けて、上からオーバー、ミドル、アンダーセクションに分けます。ただし求めるデザインと、その人ごとの骨格・毛流によって、分割ラインは変動します。

❶オーバーセクション
表面に出る部分で、フォルム全体の大きさを左右する。

❷ミドルセクション
ウエイトを作りやすくフォルムのボリューム感が決まる。

❸アンダーセクション
フォルムをコントロールしながら、アウトラインが決まる。

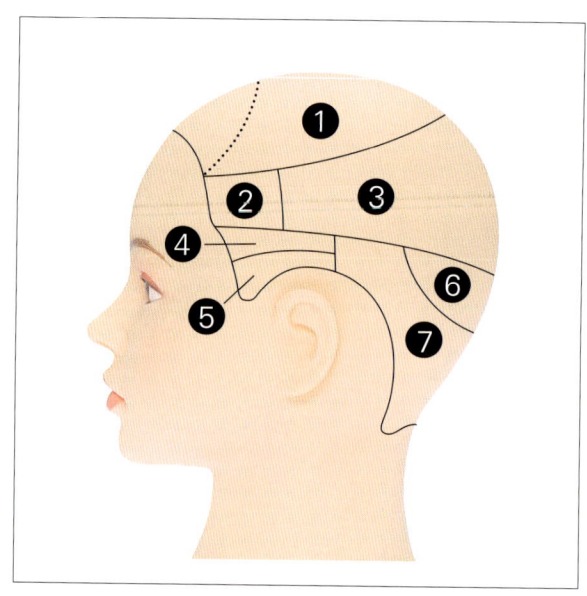

●7分割ゾーン

❶表面に出てくる部分で、トップの高さ、横への広がりが決まる。

❷❹顔周りの表情を作る部分

❸❻フォルムのボリュームをコントロール。

❺❼アウトラインを作る部分
極論すれば、耳上と❼にしっかりかかっていれば、パーマがかかっている印象となる。
※❹❺が縦割になるケースもある。

> P34のスタイルを、
> ゾーンで分解してみると？
> プロトスタイル（P34のスタイル）

仕上がり

ロッドオン

●3分割ゾーン

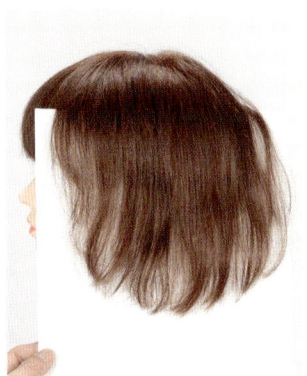

①オーバーセクション

②ミドルセクション

③アンダーセクション

①オーバーセクション
Jカールでミドル、アンダーにつなげる部分なので、ボリューム感はほとんどいらない。

②ミドルセクション
あらかじめカットでウエイト感が出るようになっているので、ここもボリューム感はほとんどいらない。Cカールでオーバーとアンダーをつなぐだけでいい部分。

③アンダーセクション
ここはアウトラインに出てくるので、しっかりしたカール感とボリューム感が欲しい。SカールでAラインシルエットを作る。

●7分割ゾーンのフロントサイドセクション

①オーバーセクション

②③こめかみ上

④⑤こめかみ下

①オーバーセクション
ここはJカールでごくゆるく。

②③こめかみ上
毛先だけのCカールでボリュームを出さずに、質感をその下のゾーンにつなぐ。

④⑤こめかみ下
アウトラインに出てくる部分は、質感、ボリューム感共に欲しい。とくにここはフォルム的に、Sカールで耳上のふんわり感を出すことがポイント。

Part 3 ワインドコントロール

カットベースに対する
ワインドの組み立てプロセス

プロトスタイルのカットベースを、イメージするパーマスタイルにするためには、
どのようなロッド構成にすればいいのかを考えてみましょう。

> **Point**
> ● 3分割→7分割のゾーン発想で、どこにどんなカールが配置されれば、イメージ通りの質感、フォルムになるのかを考える。
> ● セニングした場所、しなかった場所の「理由」に合わせて巻く。

1 ワインディングの設計図を考える

Base Cut

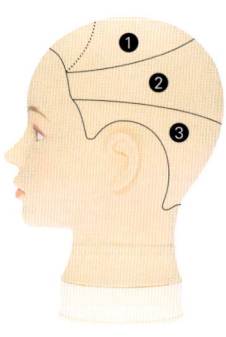

Idea 1
まずはカットベースが示す、最終形をイメージする

インターナルはL→G→L構成。カールが加わった後もウエイトポイントに立体的な丸みが出るようにしたい。そのためトップにはカールを加えず、ミドルより下中心に出していく。ひし形っぽいフォルムではあるが、すそをすぼめ過ぎず、ややAライン気味にしたい。そこでバックのアンダー❸は17ミリで2.5回転巻いてSカールに。その上のミドル❷は19ミリ、オーバー❶は23ミリのCカールで緩やかなボリューム感になるようにつなぎ、メリハリを出そうと思うが…。

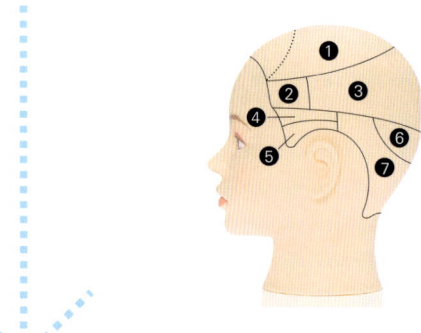

Idea 2
次に7分割で、似合わせとディテールの調整をしてみると？

似合わせのために、さらに細部まで検討しよう。ポイントは顔周りと、そこからバックにつながるサイドの構成。顔周りはかかり過ぎていると老けやすいし、柔らかな印象もなくなる。7分割ゾーン（P38参照）で、今回求めるデザインに影響を及ぼすパーツを考えてみよう。②のゾーンは顔周りに一番かかるところなので、ごくゆるいカールで。④と⑤のゾーンもゆるめにしたい。

Rod On

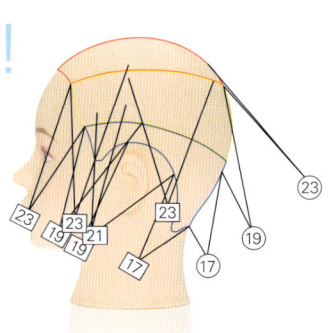

Idea 3 **OK!**
顔周りのボリュームは押さえつつ、耳上はふんわりさせて求めるフォルムに

サイドはアンダーを19ミリでSカールにし、ミドルは21ミリのCカール、オーバーは23ミリのJカール。一番フロントよりのゾーン②は、23ミリでCカールを出す。その代わり耳上は深めに入れているセニングの手前ギリギリまで巻き込んで、ここにふんわりとしたボリューム感とカール感が出るようにSカールで巻いている。

2 カットベースに対して適正に巻かないとどうなる?

OK! ●適正だった場合

Rod On　　　　　　　　　　　　　　　Perm

●巻きすぎた場合　　　　　　　　　**NG!**

Rod On

Perm

カットベースで示されているイメージと、パーマにおけるゾーンの役割を無視して、サイドは4セクション、バックは5セクションとたくさん巻き過ぎてしまった例。ボリュームが出過ぎて頭が大きく見えるし、セニング部分にも巻いてしまっているので、質感が荒れてバサつきも出ている。

●巻き足りなかった場合　　　　　　**NG!**

Rod On

Perm

 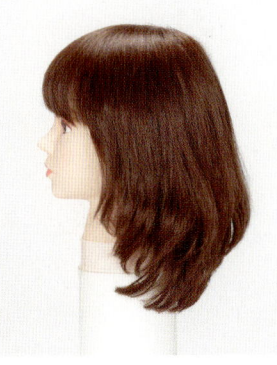

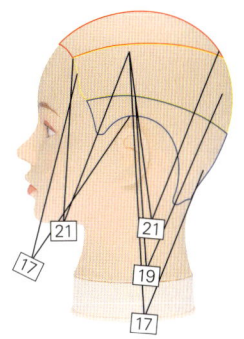

サイドは2セクション、バックは3セクションで、すべて毛先だけ1.5回転巻いたCカールの構成。セニング部分は巻いていないのでツヤ感は残っているが、すそのボリューム感やウエイト感が足りず、寂しい印象。顔周りの表情も乏しい。

ワインドコントロール Part 4

カットベースとワインディングの関係

プロトスタイル（P34、P41の「セニング終了の状態」と同）のカットベースに、
6パターンのワインディングをしてみました。
質感、ボリューム、レングス、ウエイトの変化に注目してください。

> **Point**
> ● 同じカットベースでも、ワインディングの構成しだいでフォルムは大きく変わる。
> ● 回転数を上げれば、ボリュームと共にレングス、ウエイトポイントも上がることを計算する。

全体にJカール

全体を23ミリで1回転巻いてJカールを出した。フォルム的にはカットベースとほとんど変わらず、若干毛先にクセ毛程度のカールがつく。

オーバーにJ、アンダーにCカール

オーバーは23ミリで1回転巻いたJカール、アンダーは21ミリで1.5回転巻いたCカールに。アンダーのCカールでボリュームが加わり、Aライン気味のフォルムに。

全体にCカール

オーバーは23ミリ、アンダーは21ミリで共に1.5回転巻いてCカールに。フォルムにボリュームが出て、ウエイトポイントも上がる。

オーバーにC、アンダーにSカール

オーバーは23ミリで1.5回転巻いたCカール、アンダーは17ミリで2.5回転巻いたSカールに。アンダーのボリュームが出たことで、よりAラインシルエットに近づいた。

全体にSカール

オーバーは23ミリ、ミドルは21ミリ、アンダーは17ミリで2.5回転巻いてSカールに。フォルムがベースカットとは完全に別物となり、ハードパーマの印象が強くなる。

オーバーはC、ミドルはS、アンダーはW

オーバーは23ミリでCカール、ミドルは21ミリでSカール、アンダーは17ミリで3回転巻いたW（ウエーブ）に。バルーンシルエットに変化している。

ワインドコントロール Part 5

セニングとワインディングの関係

同じカットベースを例に、セニングとワインディングの関係に注目してみましょう。
セニングに合わせたワインディングをしないと、どんな状態になるかがわかります。

● セニング終了状態

Point
● セニングをした部分は、ボリュームを取り去りたい場所。だから基本的にカールによるボリュームは必要ない。
● 質感のためのセニングも、巻きこむ位置は避ける。だからワインディングはセニングの手前まででストップ。

● セニングに合わせたワインディング **OK!**
Rod On

● セニングを無視したワインディング **NG!**
Rod On

Perm

Perm

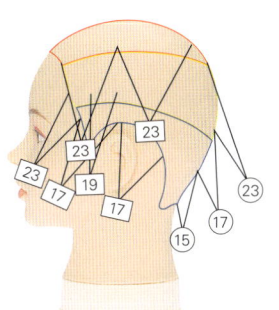

巻きこみをセニングした位置の手前まででストップさせているので、カールの質感がきれいに出ているし、ベースカットで作ったフォルムも壊していない。

ミドルとアンダーは、セニングした部分まで巻いている。セニング部分は短い毛が飛び出してバサバサした質感に。回転数も増えたので、ボリュームが出過ぎてフォルムも崩れた。

hair _ Yuji Nishido
make-up&color _ Atsuko Ota

Triangle 3
Chemical

ケミカルコントロール ベーシック

トライアングルを作る3つ目の要素は薬剤操作。コールドパーマだけでなく、ホット系、エア系、スチームなども登場している今、器具の特徴も理解したうえで薬剤を選択することが大切です。ここでは毛髪診断と薬剤の特性知識、ホット系やスチームを使った場合のプロセス、クリープの考え方などを再確認していきます。

毛髪構造をおさらいしよう

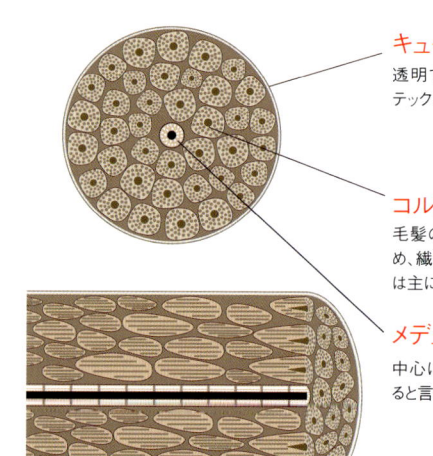

キューティクル
透明で硬く、水をはじく性質がありコルテックスを保護している。
軟毛：2〜3枚
普通毛：5〜6枚
硬毛：8〜10枚

コルテックス
毛髪の最も多い部分（85〜90%）をしめ、繊維状の縦につながった構造。薬剤は主にここに作用する。

メデュラ
中心にある空洞。ツヤと大きく関係があると言われている。

毛髪の主な4つの結合

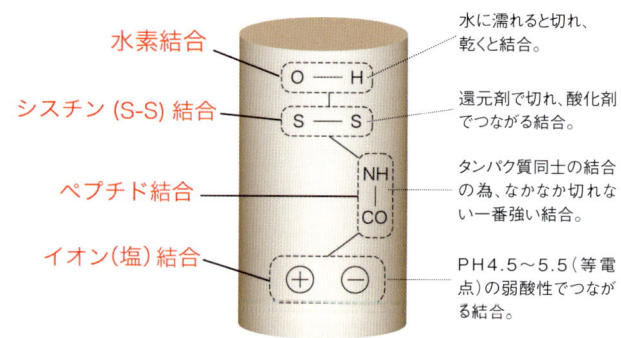

水素結合 — 水に濡れると切れ、乾くと結合。

シスチン (S-S) 結合 — 還元剤で切れ、酸化剤でつながる結合。

ペプチド結合 — タンパク質同士の結合の為、なかなか切れない一番強い結合。

イオン（塩）結合 — PH4.5〜5.5（等電点）の弱酸性でつながる結合。

薬剤操作に必要な毛髪診断

●チェック項目	●問診	●視診	●触診
□毛量・太さ		根元〜毛先の太さ、量感	手触り
□キューティクルの厚さ		ツヤ、光の反射	手触り、重さ
□親水毛・撥水毛		ツヤ、光の反射	手触り
□タンパク質量（髪の硬さ）			弾力感、重さ
□水分		潤い感、パサつき感	重さ
□油分		頭皮の状態、ツヤ	手触り
□ダメージ度合い	施術履歴	透明感（明度）	手触り（ざらつき）
□クセ		種類、水素結合かシスチン結合か	弾力感
□毛流		根元の生え方、毛流れ、ハネ感	
□熱処理の有無	施術履歴 ふだんの手入れ方法	毛先のくすみ具合 ツヤ	硬さ、弾力感
□コーティング（シリコン等）毛かどうか	施術履歴 ふだんの手入れ方法	ツヤ感	手触り

基本の毛髪分類

毛髪の種類				
種類	キューティクル	S-S結合	CMC	性質
●太・硬	厚い	少ない	少ない	撥水性
●太・軟	薄い	多い	多い	親水性
●細・硬	厚い	少ない	少ない	撥水性
●細・軟	薄い	多い	多い	親水性

キューティクルが厚い（硬毛）→アルカリ・還元剤・PHに強い
キューティクルが薄い（軟毛）→アルカリ・還元剤・PHに弱い

還元剤ってなに？

●パーマ剤（化粧品分類も含む）

チオグリコール酸
システイン
システアミン
サルファイト
ラクトンチオール（スピエラ）

アンモニア
モノエタノールアミン
重炭酸アンモニウム
アルギニン

●還元剤

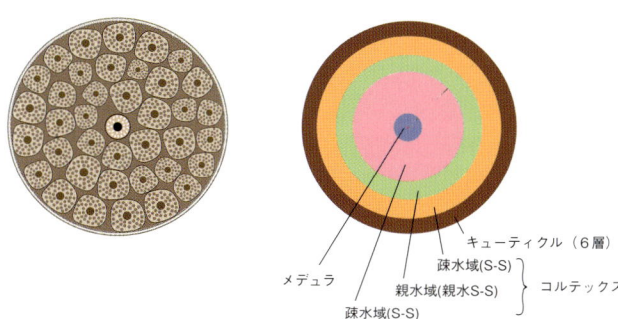

水素を受け取り、シスチン結合が切れる

●毛髪の性質と薬剤浸透率 〜親水と疎水〜

親水性・・・水になじみやすい性質
疎水性・・・水をはじき油になじみやすい性質
両親媒性・・水、油共になじむ性質

●ウエーブ形成力（pHによって変わる）

チオ ＞ システアミン ＞ シス ＞ サルファイト

チオグリコール酸

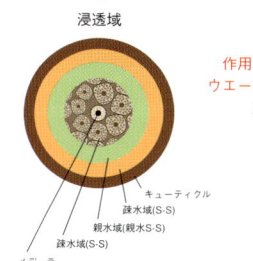

性質：親水性
分子量：９２
作用する場所：コルテックス内部
ウエーブ形成力：強い
適す毛髪：健康毛
質感：しっかり弾力がある。
　　　リッジ強い。軽い。
臭い：強い
その他：アルカリ性域で働く

システアミン

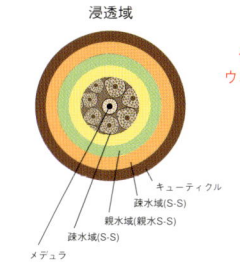

性質：両親媒性（やや疎水性）
分子量：７７
作用する場所：コルテックス内部
ウエーブ形成力：強い
適す毛髪：ダメージ毛
質感：弾力がある、軽い
臭い：強い
その他：低pH（酸性域）でもウエーブ形
　　　　成ができる。しかし、
　　　　ベストはアルカリ性（pH8〜9）
　　　　肌への負担やや有り

システイン

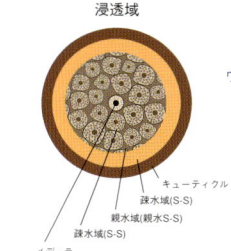

性質：親水性
分子量：１０８
作用する場所：表面に近い所
ウエーブ形成力：やや弱い
適す毛髪：ダメージ毛
質感：しっとり、柔らかい
臭い：少ない
その他：アルカリ性領域で働く

サルファイト

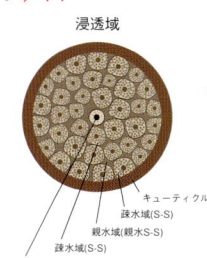

性質：親水性
分子量：１２６
作用する場所：表面に近い所
ウエーブ形成力：弱い
適す毛髪：ダメージ毛
質感：柔らかい、リッジ弱い
臭い：少ない
その他：アルカリ性
　　　　熱、又は他の還元剤の力を利用

ラクトンチオール（スピエラ）

※アルカリ領域において分解、
酸性域ではシスなみにかかる

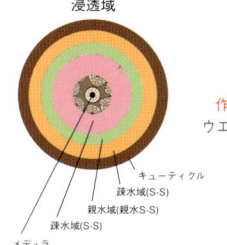

性質：両親媒性
分子量：118
作用する場所：コルテックス内部（一番奥まで）
ウエーブ形成力：やや弱い
適す毛髪：ダメージ毛
質感：サラサラ、軽い
臭い：強い
その他：酸性域で働く

Triangle 3　Chemical

アルカリ剤ってなに？

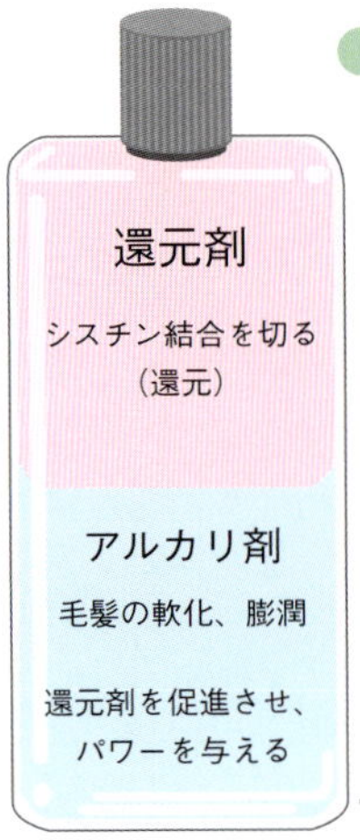

●パーマ剤

還元剤
シスチン結合を切る（還元）

- チオグリコール酸
- システイン
- システアミン
- サルファイト
- ラクトンチオール（スピエラ）

アルカリ剤
毛髪の軟化、膨潤
還元剤を促進させ、パワーを与える

- アンモニア
- モノエタノールアミン
- 重炭酸アンモニウム
- アルギニン

●アルカリ剤って何？

pHは？
pH…水素イオン濃度

0pH ── 4.5〜5.5pH ── 7pH ── 14pH
酸性　　等電点　　　中性　　アルカリ性

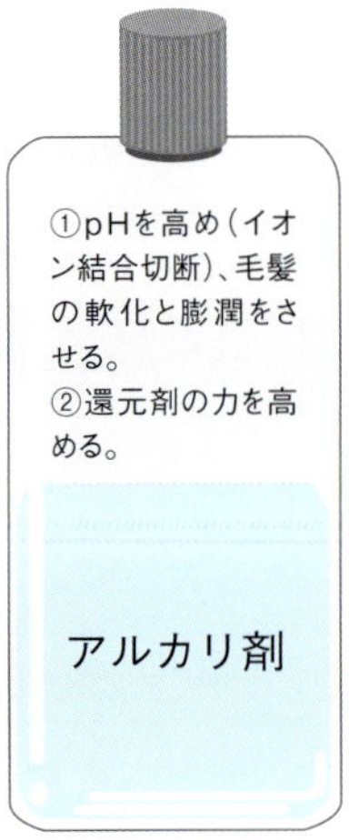

①pHを高め（イオン結合切断）、毛髪の軟化と膨潤をさせる。
②還元剤の力を高める。

アルカリ剤

●アルカリ剤
アンモニア ＞ モノエタ ＞ 重炭酸アンモニウム ＞ アルギニン

アンモニア 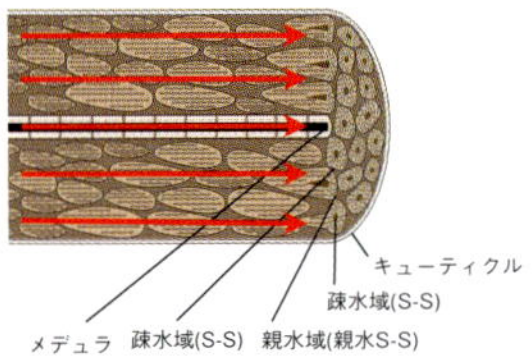
- 性質：揮発性
- パワー：強い
- 反応：早い
- ウエーブ形成力：強い
- 臭い：刺激臭
- 残留：なし
- その他：肌への刺激は少ない

少量でpHを高くする事ができるアルカリ剤。揮発性があるため残留しにくいが刺激臭が強い。

モノエタノールアミン 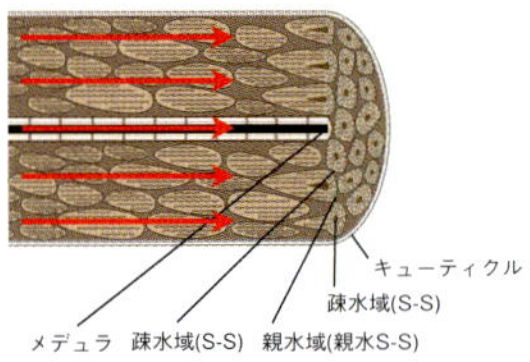
- 性質：揮発性が低い
- パワー：強い
- 反応：遅い
- ウエーブ形成力：強い
- 臭い：刺激臭弱い
- 残留：有る
- その他：肌への刺激は少ない

少量でpHを高くする事ができるアルカリ剤。揮発性が低いため臭いは少ないが残留しやすい。

重炭酸アンモニウム 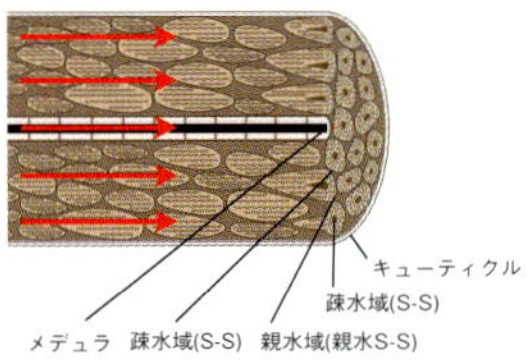
- 性質：ゆっくり揮発
- パワー：弱い
- 反応：遅い（アルカリ性になると早い）
- ウエーブ形成力：弱い
- 臭い：有る
- 残留：なし
- その他：肌への刺激なし

多く用いてもpHがあまりあがらないアルカリ剤。刺激は少なく、ウエーブ形成力は弱い。

アルギニン 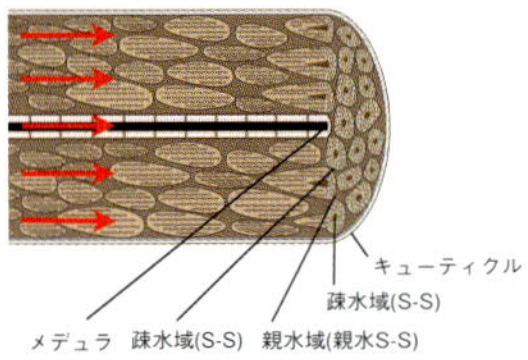
- 性質：不揮発性
- パワー：弱い
- 反応：遅い
- ウエーブ形成力：弱い
- 臭い：無し
- 残留：有り
- その他：保湿効果有り

アミノ酸の一種で水に溶けるとアルカリ性を示す。pH調整剤や保湿剤としても使用。

2剤（酸化剤）の意味ってなに？

●酸化剤って何？

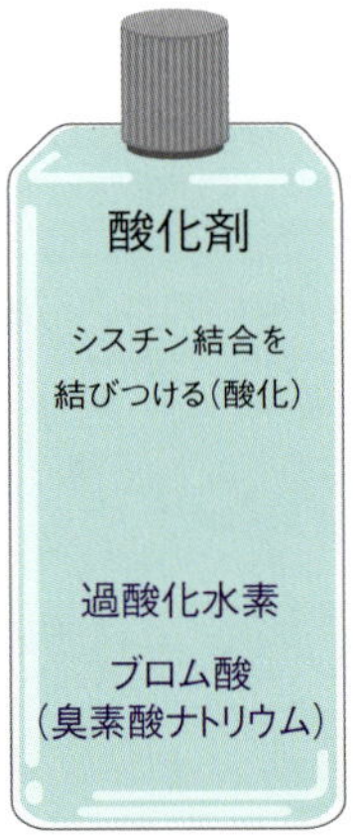

酸化剤
シスチン結合を結びつける（酸化）

過酸化水素
ブロム酸（臭素酸ナトリウム）

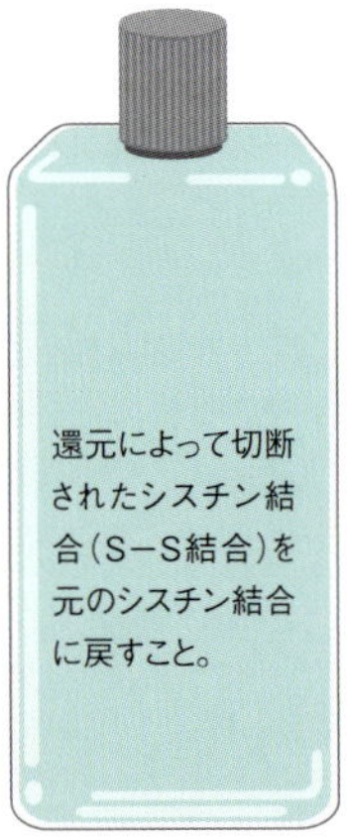

還元によって切断されたシスチン結合（S-S結合）を元のシスチン結合に戻すこと。

−SH　HS− → −S−S−　水素を失い、シスチン結合となる

●酸化剤　過水 ＞ ブロム酸

過酸化水素 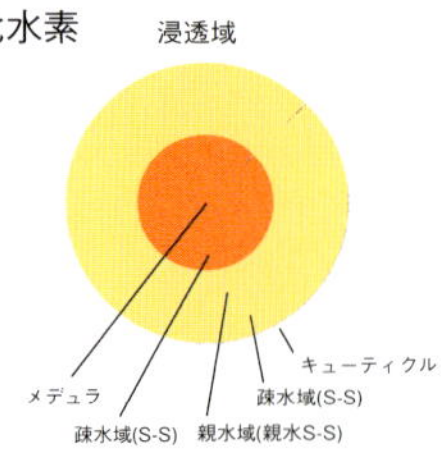
- パワー：強い
- 反応：早い
- 作用する場所：コルテックス内部（深）
- 質感：弾力が弱く、軟らかい
- 臭い：無し
- 残留：反応後に水が残る
- その他：カラーの退色少ない

ブロム酸 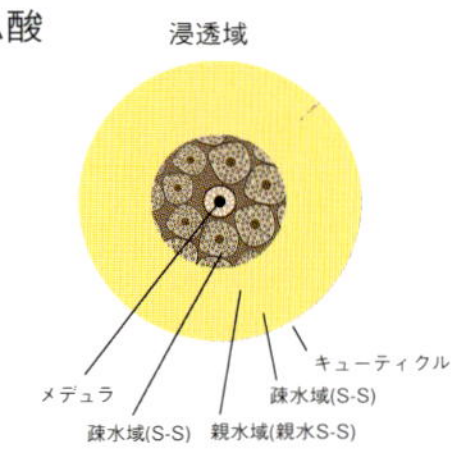
- パワー：弱い
- 反応：遅い
- 作用する場所：コルテックス内部（浅）
- 質感：弾力が有り、硬くしまる
- 臭い：無し
- 残留：反応後に塩が残る
- その他：カラーの退色多い

Triangle 3 Chemical

処理剤の役割と特徴は？

● 処理剤の目的

前処理
ダメージ部分の補修、毛髪の均質化、薬剤の減力、施術効率のアップ

対応例
PPT、CMC 等

中間処理
次の施術への効率アップ、毛髪保護、薬剤（アルカリ等）の除去、中和

対応例
バッファー剤、PPT、CMC、キトサン等

後処理
毛髪保護、毛髪のコンディションを整える、質感コントロール、不要な薬剤の薬剤臭除去

対応例
PPT、CMC、グロスフィリン等

PPT

ケラチン
- 皮膚、毛髪、爪などを構成するタンパク質
- 人毛の80％以上がケラチン
- シスチンの含有がタンパク質の中でも一番多い
- 毛髪への吸着力が高く、毛髪を補修しハリ、コシを与える

コラーゲン
- 毛髪にはないが、身体の約30％を占めるタンパク質
- 親水性の高いアミノ酸が多く含まれ保湿効果が高く、毛髪に潤いと柔軟性を与える
- システイン酸の発生を抑制し、ウエーブ効率をアップ、または補強する

シルク
- グリシン、セリシン、アラニンといった、人体に必要不可欠なアミノ酸が入っている
- 各アミノ酸がもつ高い保湿力と、ツヤ、さらりとした手触り感を補強する

キトサン

キトサン
- エビ、カニの甲殻類、昆虫類からとれる成分
- 水溶性
- 毛髪になじみやすく保湿効果があり、皮膜を形成する

CMC

CMC（細胞膜複合体）
- 毛髪中（キューティクル間、コルテックス間）にわずか3％ほど存在して、細胞同士を接着し、薬剤の通り道となっている
- セラミド、タンパク質、コレステロールなどが主成分
- フィブリルとマトリックスを接着
- 潤いとまとまりを補う

18MEA
- CMCの一つ
- 毛髪表面、キューティクル間に存在し、毛髪を疎水状態にする
- 外部の刺激から毛髪を守り、内部成分の流出を防ぐ

グロスフィリン

グロスフィリン（ヘマチン）
- ケラチンと結合し、毛髪に弾力を与え補修する。S-S結合を強化することで、ウエーブ形成力、持続力がアップ
- 残留アルカリ、活性酸素を除去する
- 薬剤臭を抑える
- 紫外線吸収効果

ペリセア

ペリセア
- 短時間で毛髪内部に浸透し、毛髪を内と外から補強
- 高い水分保持力、保湿力を持つ
- 毛髪表面をコートすることでキューティクルを整え、手触りをよくする

ケミカル コントロール Tools

コールドとホット系 ノンスチームとスチームのちがい

今やパーマ技術にかかせない存在となっているホット系とスチーム施術。ダメージ軽減のためにも、特徴を理解して効果的に使いこなすことが大切です。

ノンスチーム

●コールド

この中では一番リッジがゆるく、柔らかい質感になる。
Data
水巻き　1剤自然放置13分、2剤7分＋7分

●エアウェーブ

ゆるいリッジに加え、柔らかで軽いエアリー感が出る。
Data
水巻き　1剤放置10分（8割軟化）、水洗後、クリープ16分、ガラス化14分、クーリング2分、2剤7分＋7分

●ホット系

はっきりとしたリッジが出て、アイロンで巻いたような質感になる。
Data
水巻き　1剤放置10分（8割軟化）、水洗後、ラップなし90℃で20分　2剤7分＋7分

●スチームのメリットとその使い方は？

パーマ時にモルビドスチームを使うのは、主に ①処理剤を浸透させるため ②パーマ剤（1剤）を浸透させるため ③コールドパーマ時のクリープ施術のため（P53で詳しく説明）の3つの目的があります。スチームを併用することで、ワインディング中の乾燥を防ぐと共にダメージ軽減、質感の柔らかさを保つことができます。また髪の部位によってダメージレベルが違い、かかりムラが起きやすい場合も、スチームの力で髪がまんべんなく膨潤するので、比較的かかりを平均化することができます。
ただし1剤塗布後は、アルカリを促進させ過ぎる可能性があり、過剰反応をすることがあるので注意が必要です。

●モルビドスチームの役割

モルビドスチームは水に圧力をかけたナノレベルのスチームの事を言います。スチームはキューティクルの隙間から毛髪内部に浸透し、髪を水膨潤させます。

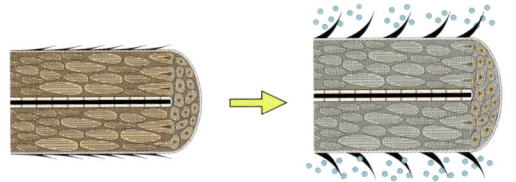

1. 毛髪、頭皮の水分を奪わない、補う。
2. 毛髪の水膨潤→アルカリ剤の減力、薬剤の浸透促進。
3. 潜熱効果→薬剤の反応促進。
4. 結合水効果→スチームによる保水効果。

＋スチーム

●コールド

ノンスチームの時よりリッジと弾力感が得られ、うるおいがプラスされる。
Data
水巻き　1剤自然放置10分（8割軟化）、水洗後、ラップでスチーム5分、ドライヤーでクーリング30秒　自然放置30秒　2剤7分＋7分

●低温ホット系

ノンスチームのホット系に比べはっきりとしたリッジが出て、髪のうるおいが増す。
Data
水巻き　1剤放置10分（8割軟化）、水洗後、ラップして55℃ 5分、50℃ 4分、45℃ 3分、ドライヤーでクーリング1分、2剤7分＋7分

●クリープ機

ホット系のようなリッジは出ないが、柔らかく弾力感のあるリッジが出る。
Data
水巻き　1剤放置10分（8割軟化）、水洗後、スチームのクリープ機で41℃13分、温風30℃3分、60℃10分、冷風3分　2剤7分＋7分

●コールドパーマとホット系パーマの特徴

	ホット系	コールド系
●かかる仕組み	・還元・酸化作用による ・熱の力で、カールが固定	・還元・酸化作用による
●メリット	・シス量の少ない髪にもかけられる ・キューティクルの厚い髪にもかけられる ・ダメージヘアにもかけられる	・熱によるダメージ（タンパク変性）がない ・ロッドが操作しやすく、デザインの幅がある
●デメリット	・熱によるダメージ（タンパク変性）がある ・コールドに比べてロッドの操作性、デザインの応用性が低い	・シス量の少ない髪にはかかりにくい ・キューティクルの厚い髪にはかかりにくい
●質感	・熱による、独特の弾力性。硬さが出る	・柔らかい質感 ・ホット系に比べると、弾力性は低い
●適した髪質	・キューティクルが厚い、またはシス量の少ない髪 ・細・硬／太・硬	・キューティクルが薄い、またはシス量の多い髪 ・細・軟／太・軟

ケミカルコントロール

Creep

クリープってなに？

最近、話題のクリープ施術を併用すれば、
これまで難しかった素材にもアプローチすることが可能です。
様々な素材に対応するために、クリープを使いこなしましょう。

●クリーププロセス

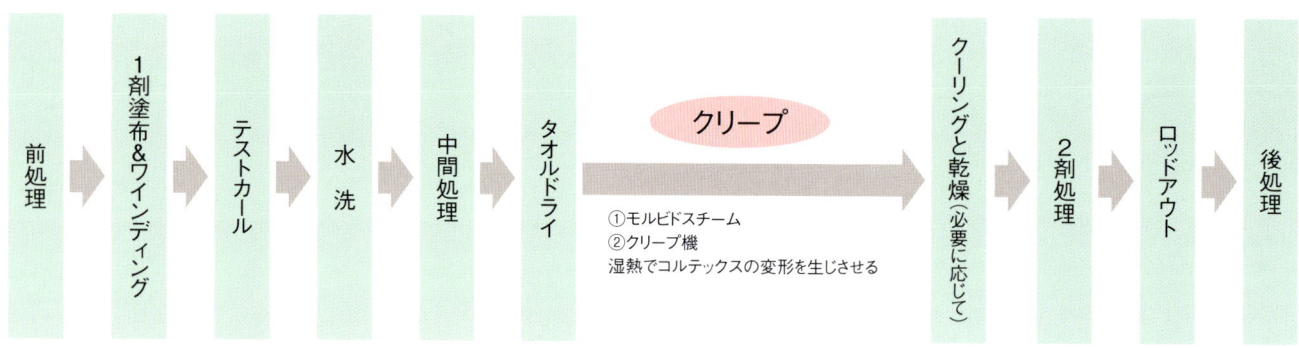

前処理 → 1剤塗布&ワインディング → テストカール → 水洗 → 中間処理 → タオルドライ → クリープ → クーリングと乾燥（必要に応じて） → 2剤処理 → ロッドアウト → 後処理

①モルビドスチーム
②クリープ機
湿熱でコルテックスの変形を生じさせる

●クリープ期

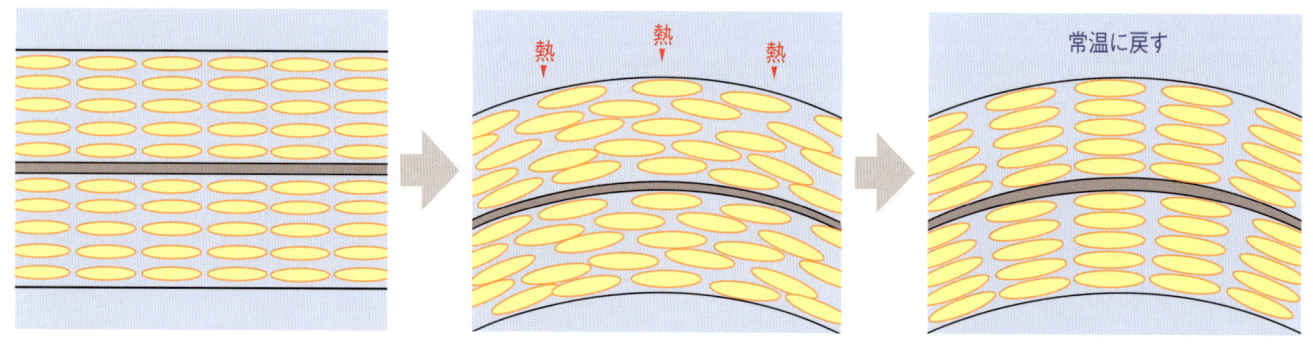

※イメージ図であり、実際のコルテックスはここまで均等配列ではありません

●クリープ期を利用したパーマの原理とは？

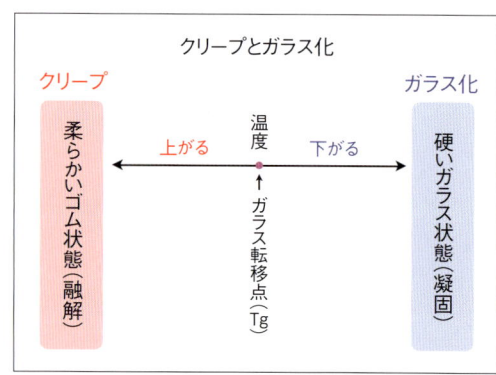

クリープとガラス化

クリープ ← 温度 → ガラス化
柔らかいゴム状態（融解） ←上がる｜下がる→ 硬いガラス状態（凝固）
ガラス転移点（Tg）

従来のパーマは、大まかに言うと還元剤でS-S結合を切断して、酸化剤で再び結合させる、という仕組みでカールやウエーブを作る原理でした。クリープ施術というのは、S-S結合以外の部分も利用してウエーブ形成率をさらに上げよう、という考え方です。パーマの1剤還元から酸化していくまでの期間を利用し、その間にスチームや熱器具などで熱を加えると、毛髪のキューティクル、コルテックス領域に湿度と熱の力でズレが生じて変型しやすくなります。その後必要に応じて乾燥工程とクーリングさせると、その形が固定して、よりはっきりとしたリッジのある安定したカールを作ることができるわけです。

ケミカル
コントロール
Creep

DADA CuBiC流
コールド＋スチームのクリープ・プロセス

ここではサロンワークでもよく使う、モルビドスチームを用いた
コールドパーマのクリープ施術のプロセスを紹介します。

ウエット状態にスチームを当て、薬剤が均一に浸透しやすい状態（水素結合が切れて水膨潤して、柔らかくなる）にしてから、前処理剤を塗布。

再びスチームを当てて、前処理剤を中まで浸透させる。

つけ巻きをする場合は、ここで1剤塗布。カラー毛、ダメージ毛がほとんどなので、化粧品分類のカーリング料を使用することが多い。

ワインディング。ゆるいがしっかりかかるカール形成をねらうためクリープ施術を行うので、弱い薬剤であってもロッド径数は落とさなくていい場合が多い。むしろ径を上げることもある。

再びスチームを当ててキューティクルを開かせ、1剤の浸透促進を行う。約30秒～1分。

1剤塗布。クリープ施術を行うため、7～8割軟化が目安。テストカール後、しっかり水洗し、残留アルカリと還元剤をなくす。

髪質によってCMCや高分子ケラチン、キトサンなどの中間処理も行う。

ここからがクリープ施術。ラップでしっかりくるんで、中にスチームの熱を送る。全体にまんべんなく行きわたるように注意する。約3～5分。

髪がフカフカしたような感触に変わったら、クリープOK。内部のコルテックスが変形してきた証拠。その後、全体にスチームの熱が行きわたるように、1～2分程度蒸らす。

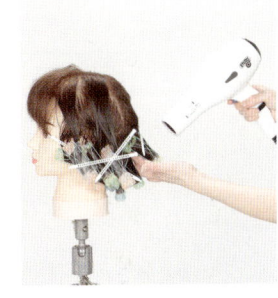

ラップを外し、ドライヤーの冷風でクーリングして常温に戻す。約30秒～1分。この後、髪質によっては乾燥具合を調節。2剤塗布、後処理を行って終了。

●スチームによるクリープ施術のメリット

クリープ施術をすれば、パーマが落ちやすい髪、かかりにくい髪（タンパク変性毛、微シス毛、ダメージ毛など）に、ゆるめでもしっかりしたリッジを出すことが可能です。コールドよりはしっかりとしたかかりで、ホット系よりは柔らかく、しっとりした質感になることが特徴。ドライにならずに、弾力のあるカールやウエーブを得ることができます。原理的にはローラーボールに蒸しタオル＋ラップを用いても良いのですが、熱のあたりがムラにならないように注意して。またナノ化のスチームでないと、水分が多過ぎて、毛髪内部から成分が流出してしまう恐れもあるので、注意が必要です。

水洗後

ドライ後

Method Point 1

欲しいカールとセニング×ワインドの関係

ほぼ同じベースカットに対して、欲しいカールと、セニング×巻き方の連動性を知るための実験です。
ここでは巻き込みの回転数を変えて、J～Wまでカールを出しています。
フォルムや質感がどのように変化するのかを見てください。

Long Layer

Base Cut & Thinning

カットベースはすべて、フルバングでサイドが前上がりラインのロングレイヤー。ただし巻き込む深さによって、オーバーセクションの幅とセニングの位置を変えている。JとC、OカールMでは、毛先にはセニングを入れず、大きめのピッチでロッドを巻き込む位置よりも少し深めにセニングを入れる。SカールやWウエーブになると、さらに大きめのピッチで、もっと深めの位置からセニングを入れている。この時オーバーセクションに多く入れて、ボリュームが出過ぎることを防ぐ。ベースカットの段階でレイヤーをしっかり入れておくことが大切。

● Jカール

● Cカール

Wind & Curl

毛先から1回転巻いたJカールでは、フォルムにほとんど変化が見られず、毛先に少しクセがつく程度。毛先から1.5回転巻いたCカールになると、毛先の質感はJと変わらないが、フォルムにややウエイト感が出てくる。毛先から1.8回転のOカールとCカールの組み合わせになると、パーマならではの質感とボリューム感がはっきり出る。毛先から2.5回転のSカールとCカールの組み合わせになるとウエーブ感を感じ、横広がりのフォルムに。毛先から3回転のWウエーブとCカールの組み合わせでは、見た目は完全にウエーブとなり、かなりのボリューム感とパーマの質感が出てくる。

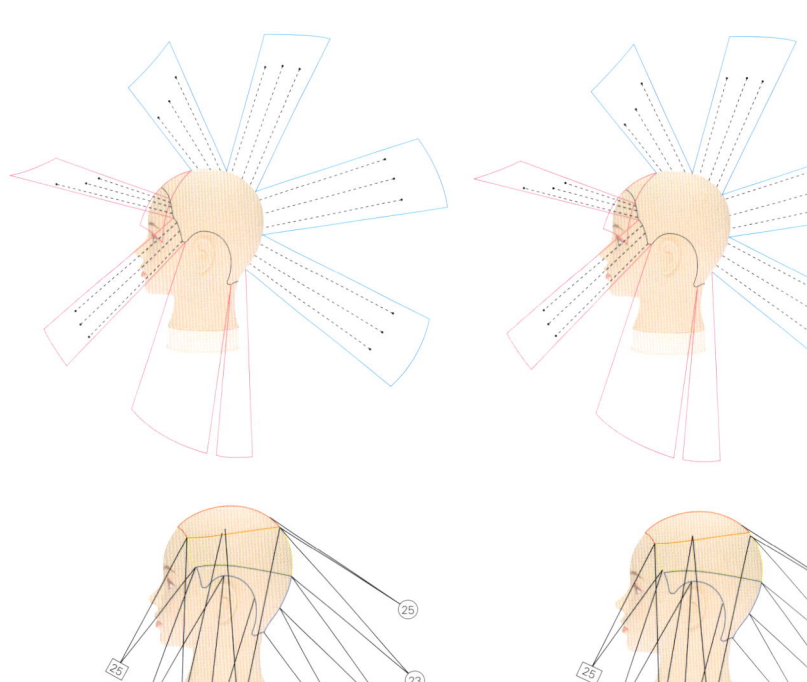

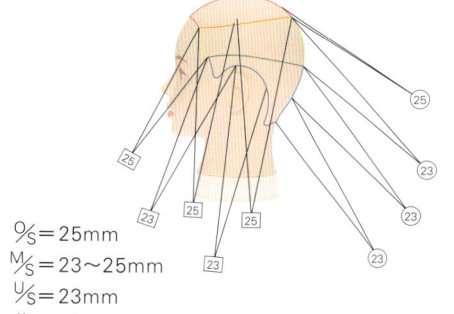

O/S＝25mm
M/S＝23～25mm
U/S＝23mm
共にJカール

O/S＝25mm
M/S＝23～25mm
U/S＝23mm
共にCカール

Point

- 根元からカールやウエーブが欲しければ、巻き込みを深くする。
- 巻き込みが深くなるほど、レイヤーを入れるオーバーセクションの幅を深くとる。
- 巻き込みは、セニングを入れていない部分にのみ行う。

●Oカール

O/S＝25mm Cカール
M/S＝23〜25mm Oカール
U/S＝23mm Oカール

●Sカール

O/S＝25mm Cカール
M/S＝23〜25mm C〜Sカール
U/S＝23mm Sカール

●Wウエーブ

O/S＝25mm Cカール
M/S＝23〜25mm C〜Wウエーブ
U/S＝23mm Wウエーブ

※ O/S＝Over Section　M/S＝Middle Section　U/S＝Under Section

欲しいカールとセニング×ワインドの関係

> **Point**
> - レングスが短いと、回転数の違いでフォルムやボリューム感が大きく変わる。
> - どのセクションに質感を出したいのか、どのセクションはボリュームダウンしたいのか、を計算して巻く。

Bob Layer

● Cカール

● Sカール

Base Cut & Thinning

カットベースはどちらも、フルバングでワンレングスベースにGとトップからのセイムのLが入ったスタイル。アウトラインを切った後、フロントのエクスターナルを決め、これをガイドにリフトアップしながらGでつないでいる。テンプルとクラウンにはふわっとした浮きが生まれるようにセニングレイヤーを入れる。ミドルとアンダーは束感を出すためカットラインと平行に、大きめのピッチでセニングを入れる。ただしSカールのほうは、Cカールよりも多めにセニングを入れて、量感を減らしている。セニングの量は、求めるカールの強さによって調節することが大切。

Wind & Curl

オーバー、ミドル、アンダーセクション共に、毛先から1.5回転巻いたCカールでは、毛先に柔らかなクセ毛っぽい質感が出て、フォルムも若干丸みを帯びている。Sカールは、ミドルセクションだけを毛先から2.5回転のSカールに変えて、それ以外はCカールで巻いたスタイル。ミドルをSカールに変えることで、ボリューム感は大きくアップし、パーマならではの質感もはっきり感じるスタイルにチェンジ。

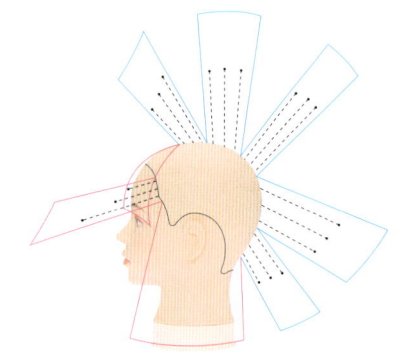
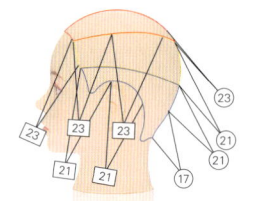

O/S = 23mm
M/S = 21mm
U/S = 17mm
すべてCカール

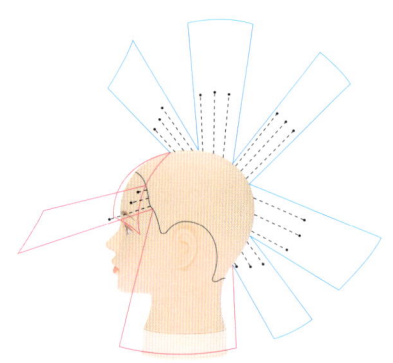
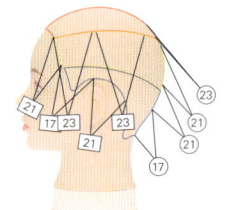

O/S = 23mm
M/S = 21mm
U/S = 17mm
O/SとU/SはCカール
M/SはSカール

> **Point**
> - ショートになるほど、ロッドを巻くことによって、髪の段差のズレ幅が大きく出やすい。
> - つまりショートはパーマによって、フォルム、質感が大きく変わりやすい。

Short Layer

●Cカール

●Sカール

Base Cut & Thinning

カットベースはどちらも、ラウンドグラのベースに、オーバーセクションにだけセイムレイヤーが入ったスタイル。フロントから斜めスライスのラウンドグラで、リフトアップさせながらカットしていき、トップだけはさらにリフトアップしてセイムレイヤーに。こうすることでミドルのGが強調される。セニングは、アンダーの短い部分は均等なルーツセニングで量感を減らす。カタチがはっきりしているスタイルなので、他は基本的にセイム状のセニングレイヤーで対応し、全体のフォルムを壊さないようにする。Sカール、Cカール部分はあらかじめ多めに毛量調節をしておくことが大切。

Wind & Curl

Cカールは、オーバー、ミドル、アンダーセクション共に毛先から1.5回転巻いている。このくらい短いレングスになるとCでも明らかにフォルムの丸さや毛先の質感が出る。SカールはバックのオーバーセクションとミドルセクションのみをSカール、サイドとアンダーはCカールに巻いている。ショートになるとその違いだけでも、フォルムのボリューム感、カール感がここまではっきりと出てくる。

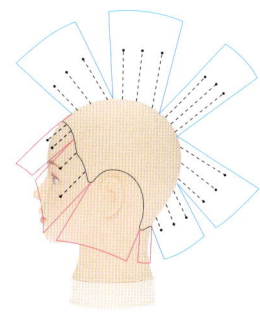
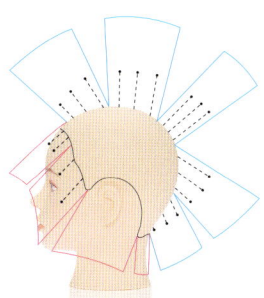

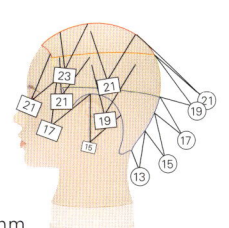

O/S = 21〜23mm
M/S = 19〜21mm
U/S = 13〜17mm
バックは13〜21mm
すべてCカール

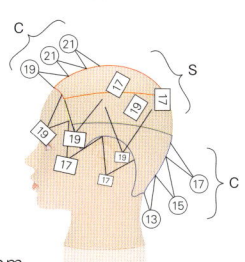

O/S = 17〜21mm
M/S = 17〜19mm
U/S = 13〜17mm
バックのU/SはCカール　サイドはすべてCカール
M/SはSカール
O/SはSカール

※ O/S = Over Section　M/S = Middle Section　U/S = Under Section

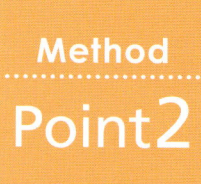

Method Point 2

カールデザインの読み取り方と組み立て方

これまでのカット、ワインド、ケミカルのベーシックを総合して、
実際にモデルにデザインを提案するときのテクの組み立て方、
プロセスごとの確認事項などを説明します。

1 イメージを決定するデザインの3本柱

まずは、どの方向に向かうとシルエット、質感、印象がどのように変化するのかを、大まかにでも
把握しておくと、デザインの読み取り、組み立てがしやすくなります。

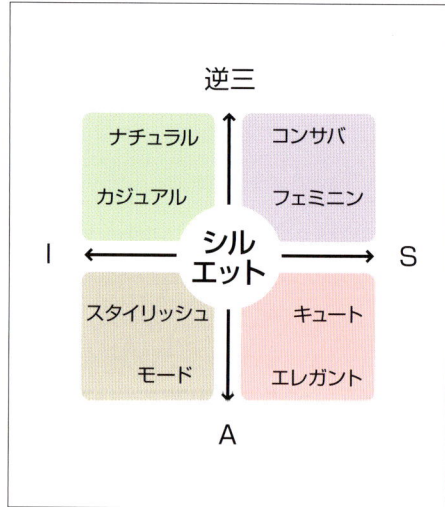
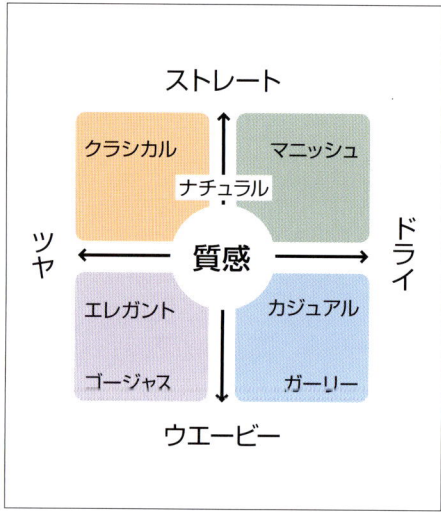
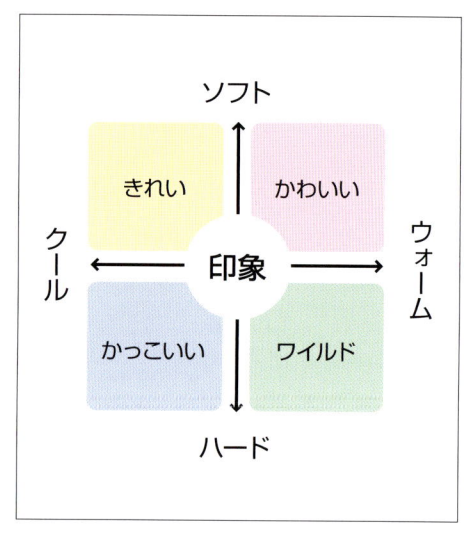

2 デザインから構成とテクを読み取る

a デザインの読み取り

このスタイルの場合は…

カールデザインを読み取る、あるいは組み立てる場合、最初はパーマのディテールに囚われ過ぎないことがポイント。むしろシルエット、レングス、厚みなどの全体像を把握しよう。例えばこのスタイルなら、鎖骨レングスのAラインシルエット。ウエイトはアゴラインで、すそには厚みと重さがある。ゆるいけれど毛先にまでしっかりとしたカール感、ウエーブ感を感じるスタイル…といった具合。ディテールは似合わせだけでなく、毛流などにもかかわってくるので、コンサルテーションの段階ではあまり詰めず、カット終了時にもう一度確認したほうがいい。

b 素材の読み取り

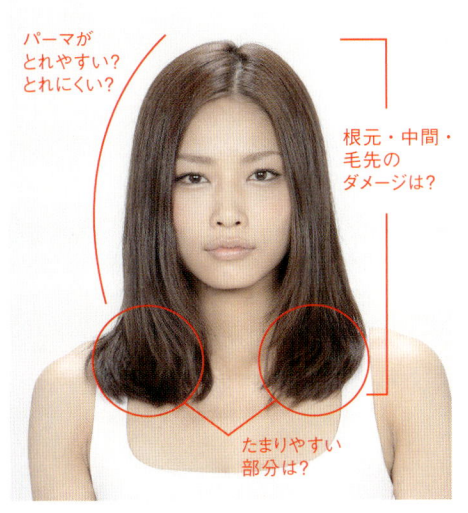

このモデルの場合は…

イメージする仕上がりが読み取れたら、それを実現するための素材の読み取りも必要になる。パーマがかかりやすいか、かかりにくいか。ダメージの程度は？ など、薬剤操作にかかわる情報はもちろん必要だが、ボリュームを加えるパーマは、Before時の全体の毛量の把握も大切。たとえば毛先の削がれ具合、イア・トゥ・イアで分けた時の前後の毛量、毛流によってどこがつぶれやすく、どこにたまりやすいか、膨らみやすいかなど。このモデルはイア・トゥ・イアより前がかなり重く、厚みは充分あるが、ミドルダメージで、髪質的にはパーマがすぐに取れてしまうタイプ。パーマ施術には工夫が必要。

c カットの組み立て

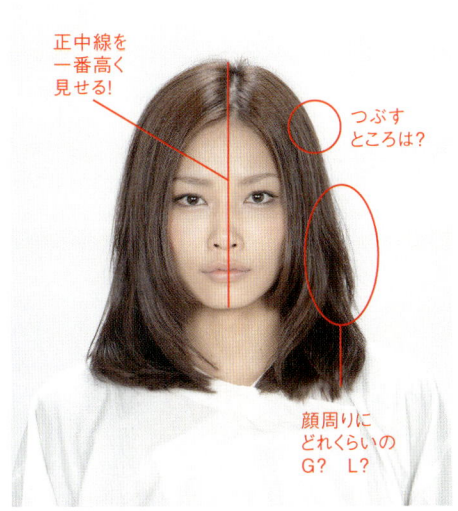

このスタイルの場合は…

カールデザインの場合のカットの組み立ては、シルエットをイメージしたら、①レングス ②エクスターナル ③ウエイト ④厚み、の順番で考える。目指すスタイルはバングがないので、フロントが重くなりやすい。肌をどれくらい見せるかを計算して、エクスターナルをG〜Lでしっかり切り込むことが大切。ほとんどのスタイルは顔の正中線上が一番高く見えるとバランスがよいので、こめかみ、ハチ部分は逆にフラットにして正中線の高さを強調する。パーマはセニングをできるだけ減らしたいので、カットだけの時よりもブラントでしっかり切り込んで、フォルムのメリハリを出すよう心がける。またセニングは①ボリュームを減らす ②束感を作る、の2方向でテクを使い分ける。

d ワインドの組み立て

このスタイルの場合は…

カット終了後は、Beforeに比べて当然フォルムが変わっているし、毛流の現れ方も変わっている場合がある。ダメージ部分も少なくなっているはずなので、巻き始める前に、もう一度細かく素材のチェックをしておく。その上でロッド構成、薬剤・機器選定を決定する。このモデルの場合、ダメージ毛でとれやすい髪質なので、化粧品系薬剤を使ったコールドのクリープ施術で、「ゆるやかで大きいカールだけれど、しっかりかかっている」を目指す。つぶれやすいミドルにきちんとカールを出して、Aラインシルエットをつくることがポイント。

カールデザインの読み取り方と組み立て方

3 プロセスごとの確認

a Beforeの確認→問診、視診、触診

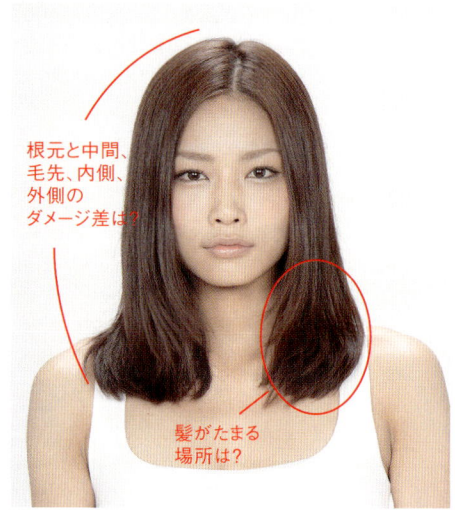

このモデルの場合は…

下の「毛髪診断項目」を参考に、視診、触診、問診を行う。本人に確認したほうがいい点は①パーマが残っている髪なら、前回いつパーマをかけたか？ ②それはコールドだったか、ホット系、エアだったか？（「機械につながっているロッドで巻かれた？」などと聞く） ③日頃、アイロンを使うか？ ④スタイリング剤はつけるか？（何もつけない、つけるのが嫌いな人には、やや強めにかけないとダレる） ⑤普段どんなシャンプー、トリートメント（アウトバスタイプも含む）を使っているか？ など。さらに本人に「自分で気になるクセや、やりづらい部分はある？」と聞いておくといい。見た目にはさほど問題でないように見える部分でも、本人が気になっているようなら、そこを解決してあげたほうが、満足度が増す。

このモデルの場合は太くて硬く、毛量が多い髪質で、ミドルダメージ。ハチ下がつぶれやすいためオーバーセクションの膨らみが逆に強調されて、顔周りが重く見えやすい。バングが作れれば解決できるが、「作りたくない」という希望だったので、より注意が必要。

● 毛髪診断項目

● チェック項目	● 問診	● 視診	● 触診
□ 毛量・太さ		根元〜毛先の太さ、量感	手触り
□ キューティクルの厚さ		ツヤ、光の反射	手触り、重さ
□ 親水毛・撥水毛		ツヤ、光の反射	手触り
□ タンパク質量（髪の硬さ）			弾力感、重さ
□ 水分		潤い感、パサつき感	重さ
□ 油分		頭皮の状態、ツヤ	手触り
□ ダメージ度合い	施術履歴	透明感（明度）	手触り（ざらつき）
□ クセ		種類、水素結合かシスチン結合か	弾力感
□ 毛流		根元の生え方、毛流れ、ハネ感	
□ 熱処理の有無	施術履歴 ふだんの手入れ方法	毛先のくすみ具合 ツヤ	硬さ、弾力感
□ コーティング（シリコン等）毛かどうか	施術履歴 ふだんの手入れ方法	ツヤ感	手触り

b ベースカット終了→毛流の確認

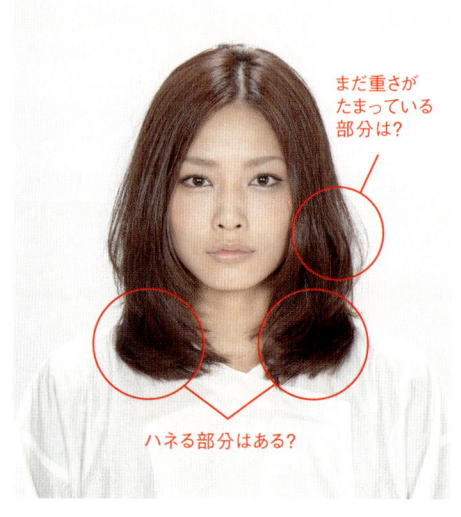
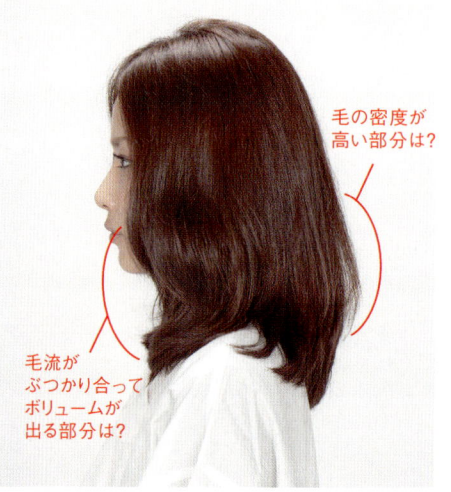

このモデルの場合は…

パーマの場合のベースカットは、①はじめにイメージしたフォルムにとって、いらない部分 ②いらないボリューム ③ダメージ部分 を取り去ることが第一目的。なるべくセニングの手数を減らすことが、カールやウエーブをよりきれいに出すポイントなので、あとからセニングで調整、ではなく、なるべくシザーのカットで完成形に近いメリハリをつけておく。とはいえ、毛流のぶつかり合いなどが原因のふくらみは、ベースカットだけでは取り切れない場合が多い。そこはセニングで処理する。このモデルの場合もフロントの重さがまだ残っている。またアゴ下付近はリバースとフォワードに流れる毛がぶつかり合って、ボリュームを出している。

c セニング終了→パーマ注意点の確認

- 目指すフォルムに対して、ボリュームを加える場所は？抑える場所は？
- まだ残る毛流は？
- 左右はどれくらい対象になっている？

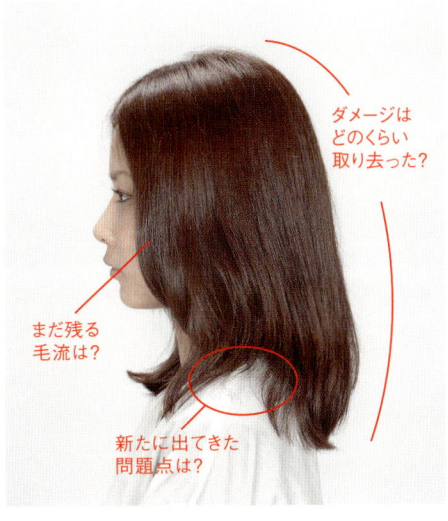
- ダメージはどのくらい取り去った？
- 新たに出てきた問題点は？

このモデルの場合は…

ベースカットが終了したら、ワインディングに入る前にもう一度素材をよくチェックしておこう。ベースカット段階で、できるだけ毛量、毛流、ダメージの問題点を取り去っておくことが大前提なので、ここでどれくらい求めるフォルムに近づいたか、まだ残っている毛流、ダメージはどこか、などの確認が必要となる。ここまできて、内側からかなり以前のブリーチ毛などが出てくる場合もある。このモデルの場合は、フロントを大幅にカットしたので、ダメージ部分はかなり取り去られているが、カットしたことで、もともと持っている左右非対称のうねりが出てきている。これはワインドで矯正が必要。

d ワインディングをする人への指示

このモデルの場合は…

ワインディングを別の人間が行う場合は、cのチェック後、二人で最終仕上がりのイメージと素材の確認をし合う。まずは目指すフォルム、顔周りの表情、ボリュームが欲しい場所、いらない場所などのデザインイメージを伝えあった後、まだ残っているダメージ、毛流、新たに気づいた問題点、セニングをどう入れたか、などを、お客さまの前で巻く人間に伝える。これがパーマのクオリティを上げると同時に、お客さまの安心感、信頼感へとつながる。このモデルに関しては、まずフロントをとにかく軽くしたので、顔周りはほとんど巻かなくていいこと、特に右サイドのオーバーはかなり毛がたまる部分なので、巻かないでほしいこと、代わりにバックのワインドでAラインを作ってほしいこと、などを伝えた。

e ワインディング→パーマ中、パーマ後の確認

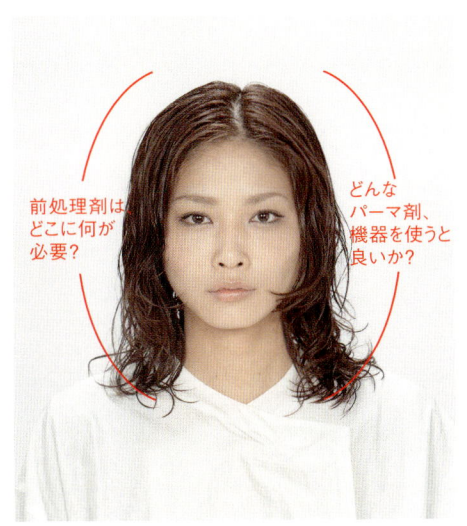
- 前処理剤はどこに何が必要？
- どんなパーマ剤、機器を使うと良いか？

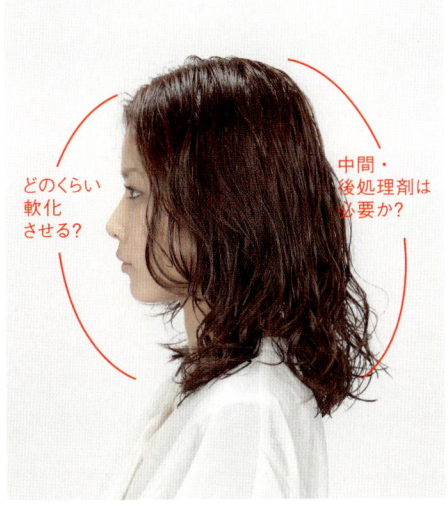
- どのくらい軟化させる？
- 中間・後処理剤は必要か？

このモデルの場合は…

cとdを受けて、ロッド構成、ロッド選定、薬剤&機器選定をする。薬剤使用中は、もちろん、その反応具合のチェックが最優先。テストカール、クリープの状況、ガラス化の状況など、正確に確認していく。特に熱処理を伴うパーマ施術は、注意深くチェックする。このモデルの場合は、ダメージ毛なうえにかかりにくく取れやすい髪質にゆるやかだがしっかりしたカール感を出したかったので、化粧品分類のパーマ剤を使い、コールドのクリープ施術を選択した。Aラインシルエットにするために、つぶれやすいミドルの耳上は、しっかり巻きこむことがポイント。また毛流に合わせて、バックサイドの巻き方を左右で変えている。

hair _ Takahiro Uemura
make-up&color&perm _ Sayaka Tanaka

Curl Control Case Study

カット&パーマのケーススタディ

ここではP10～P17のデザインバリエーションから、サロンでニーズの高い3スタイルをピックアップ。
3つのスタイルを、それぞれ素材条件の違う3人のモデルに作っていきます。
初めからレングスや段の入り方、セニング状態、ダメージ具合などが異なる素材に、
カット、ワインド、ケミカルのトライアングルメソッドを使って対応していく実例集です。

P13
**Aラインウエーブのロングレイヤー。
ポイントは大きくてゆるやかカール感**

P16
マッシュベースのグラボブ。
ポイントはアンダーで作る
丸いボリューム

P14
ミディアムレイヤーの
ウエーブスタイル。
ポイントは Aラインシルエット

Curl Control Case Study

カットとパーマの組み合わせ方

デザイン集P13のロングレイヤースタイルを、
素材条件の違う3人のモデルで作っていきます。
Aラインシルエットに大きくゆるやかなウエーブを組み合わせ、Aラインに仕上げます。
サロンニーズの高いスタイルなので、あらゆる素材に対応できるようになりましょう。

Theme Style A

P13
Aラインウエーブのロングレイヤー

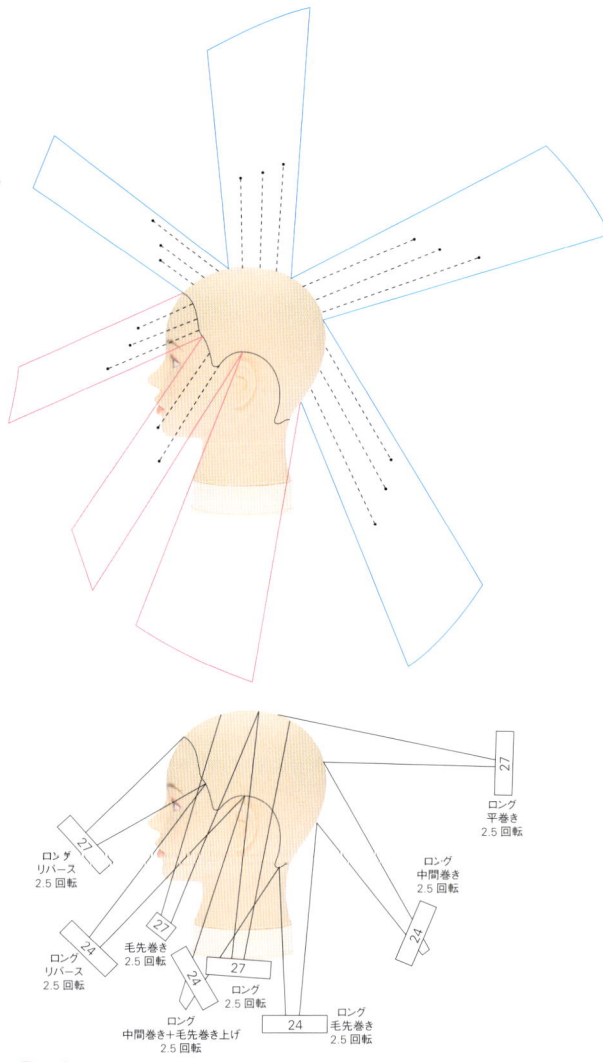

Cut

太さは普通、ダメージも少ない。顔周りはリバースに流したいので、アンダーとミドルはG、オーバーはセイムのLで、ミドルのGとつながるようにカット。バックのアウトラインはワンレンに近いやや前上がりのライン、オーバーはバックセンターでアングルを決めて、前に重さがたまるようにLを入れる。顔周りは中間ぐらいまでセニングレイヤー、その他はセイムレイヤー状のセニング。くびれのないAラインシルエットにする。

Perm

キューティクルが厚く、薬剤は浸透しにくい。毛先巻きと中間巻きをランダムにミックスさせる。顔周りのみリバース巻きで、Aラインシルエットを目指す。顔周りはロングロッド27ミリで2.5回転のSカール、その下のレイヤー部分は、ロングロッド24ミリでリバースのSカール。オーバーは27ミリの平巻きで2.5回転。すべてセニング部分の手前まで巻く。システアミン使用。

薬剤データ

前処理剤／ケラチン＋コラーゲンのPPT、CMC
パーマ剤／1剤はシステアミンで水巻き（モルビドスチームで膨潤させる）　自然放置8分　2剤はブロム酸　7分＋7分

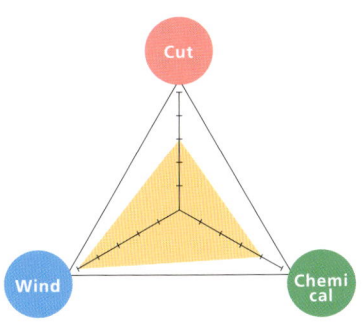 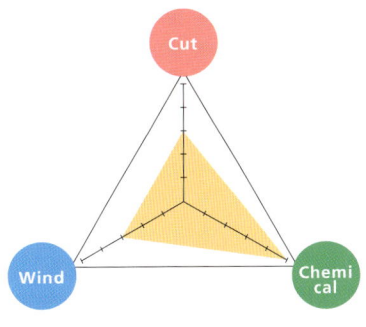 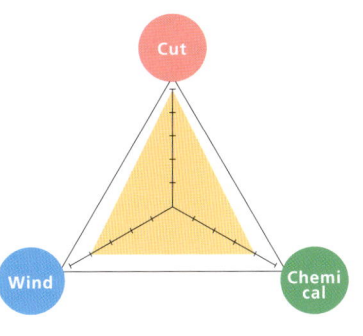

Case 1

長さや量感は近いが、欧米人っぽい骨格なので、シルエット調整が難しい。

テーマスタイルよりも、シルエットを重めのAライン気味にし、ウエーブの質感でテーマスタイルに近づけたほうが、骨格や雰囲気に似合う。

Case 2

ハイレイヤーがかなり入っている、ハイダメージのストパー毛。

ダメージ部分はカットで取り去り、ワイドバングに負けない厚みのあるウエーブを作ることでバランスを取る。

Case 3

タンパク変性を起こして硬くなっているハイダメージ毛。削ぎが入り過ぎている。

ダメージ部分をできるだけカットし、薬剤が効く場所を増やす。ゆるやかなウエーブ感をはっきり出し、フェミニンな雰囲気にシフト。

Case1
レイヤーの調節とワインドの工夫で、欧米人のようなボリュームのあるウエーブを作る

Before

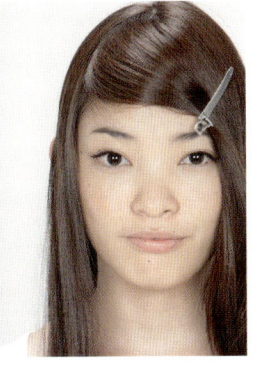

髪質・骨格

細くて柔らかい髪質。毛量は多い。頭頂部や後頭部が高く、欧米人のような骨格。

注意点

頭頂部が高いので、後頭部の量感が多くなる。骨格上、オーバーセクションが大きくなりやすいので注意が必要。根元は毛流でつぶれやすい。パート際の左サイドはつぶれるが、右サイドは立ち上がるため、フルバングには向かない。全体的に左サイドのうねりがつよい。ウエーブがダレやすい髪質。

Case1 Point
レイヤーの調節とホット系の部分使いで、
欧米人のようなボリュームのあるウエーブに

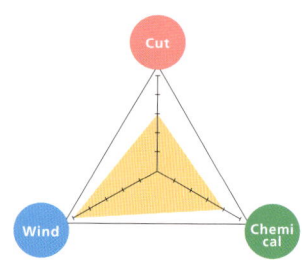

Base Cut　ベースカット終了後

   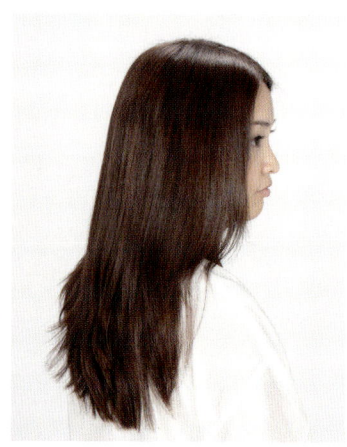

External　外側を作るパネル構成

SL　　L(Hi)

ベースカットの考え方とテク

ふわっとした欧米人っぽい質感を出したいので、エクスターナルのオーバーはハイレイヤー、ミドルはセイムレイヤーのL。そこからアンダーのGにつなげる。インターナルはオーバーとミドルをセイムのLにし、アンダーをLからワンレン気味のGまで移行させることで丸さを出し、パーマをかけた時に適度なボリュームが出るようにする。ここをフロント同様、ハイレイヤーで切ってしまうと、落ちる位置が上になり過ぎてフラットになってしまう。

Internal　内側を作るパネル構成

L(Hi)　　SL　　SL　　SL

Thinning　セニング終了後

Thinning Process　毛量・毛流・質感調節テク

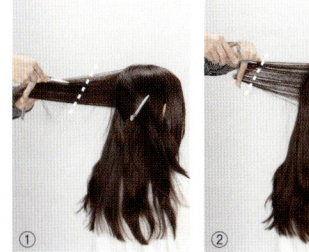

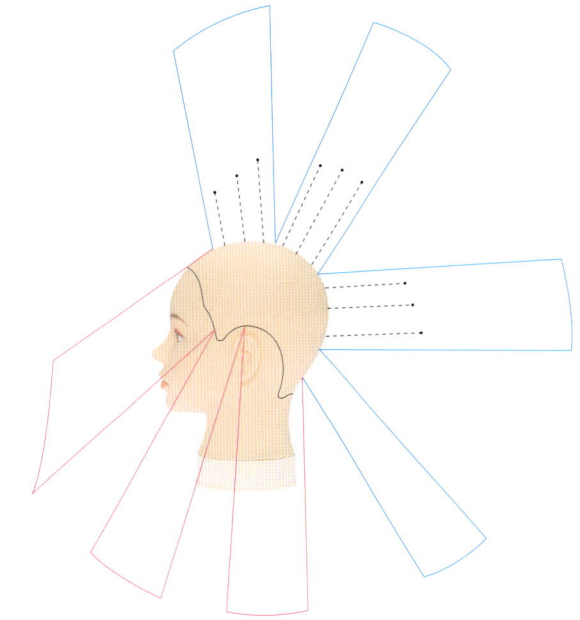

セニングの考え方とテク

①〜③アンダーの量感を強調するために、クラウンの毛量だけをセニングで取る。ただし欧米人っぽいフワフワのボリューム感が欲しいので、場所によっては根元まで巻き込む可能性があることを想定しておく。クラウンはパーマをかけない部分なので、大きなピッチで深めの位置からセニングレイヤーをセイム状に入れる。毛先は削がないように注意。パーマをかける正中線上は浅めの位置でセニングレイヤーを入れる。

Rod On　ワインディングと薬剤操作

After Plain Rinse　水洗後

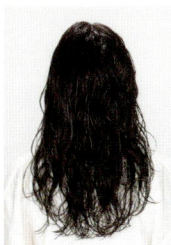

ワインディング前にスチームで膨潤させ、クセを出しておく。レイヤーが入ったことで、もともと持っている左側のクセが強く出てきたのをワインドで調節。髪質的にハチ部分がつぶれやすいので、そこだけ2本をホット系でかけ、ボリューム感を出すと共に持ちもキープする。22ミリでリバースに3回転巻きのウエーブ、50℃3分、45℃3分、40℃2分と三段階で操作。他はコールド施術で、左サイドのアンダーは23ミリ1.5回転のCカール。ミドルはロング27ミリでリバースに3回転。クセが強い左バックサイドは巻かない。右サイドのミドルはロングの27ミリでフォワードに3回転。アンダーは23ミリで2.5回転のSカール。バックのミドルはロング27ミリと30ミリの2.5回転の横巻きで、ボリュームを出す。バングは23ミリの1.5回転巻き。

Data

前処理剤／ケラチン＋コラーゲンのPPT、CMC
パーマ剤／1剤はシステアミン　コールドは自然放置5分　2剤はブロム酸　7分＋7分
中間処理剤／ホット系の部分にCMC、ケラチン、キトサン
後処理剤／グロスフィリン入りのアルカリ除去剤

Case2
ハイダメージ部分をカットでできるだけ落とし、ミドルとアンダーでウエーブ感を作る

Before

髪質・骨格

髪質は普通で、大きなクセもないが、毛先15センチは既ストパー部分で、全体にブリーチハイライトが入っているハイダメージ。

注意点

ネープは毛流で厚みがたまりやすい。トップも盛り上がりやすいが、内側はペタッとつぶれやすい毛流になっている。毛先15センチはストパーとカラーの繰り返しで、表面全体が特にハイダメージ。この部分をカットでできるだけ落として、パーマがかけられる部分を増やすことがポイント。また、右サイドは大きく削がれている。

Case2 Point
ハイダメージ部分をカットでできるだけ落とし、
ミドルとアンダーでウエーブ感を作る

Base Cut　ベースカット終了後

External　外側を作るパネル構成

G　　SL　　L(Hi)

ベースカットの考え方とテク

エクスターナルは、アンダーをG、ミドル、オーバーをセイム〜ハイレイヤーのLにして、顔周りの傷んだ部分を一気に落とす。そこからトップのインターナルまでハイレイヤーでつなげて、表面の傷んだ部分を取り去る。バックも傷んだ部分を落としたいので、オーバーはGではなくセイムのL。ミドルもセイムのLで、アンダーでGに移行させる。ボリューム感はパーマでプラスすることを前提に、ここでは傷んだ部分を取り去ることを優先させる。

Internal　内側を作るパネル構成

L(Hi)　　SL　　SL　　G

Thinning　セニング終了後

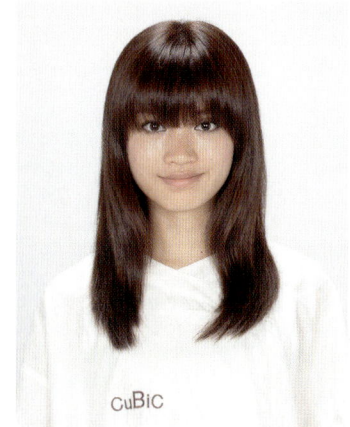   

Thinning Process　毛量・毛流・質感調節テク

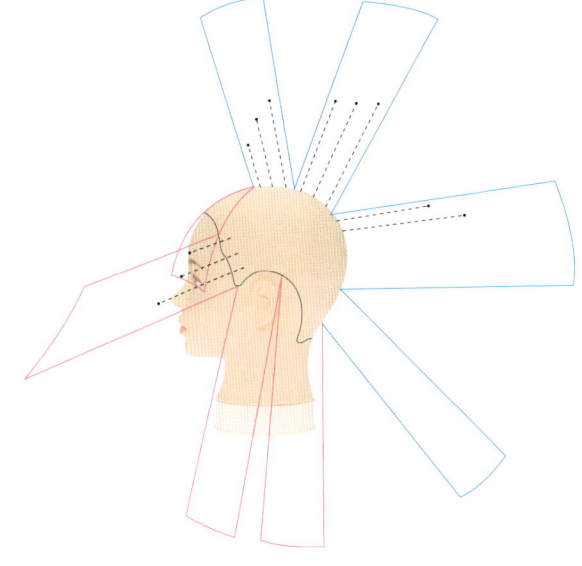

セニングの考え方とテク

全体に巻き込みを多くしてボリュームを出す予定なので、セニングは最小限にしておく。①オーバーの厚みを取る。ここは毛先のみかける部分なので、中間からセイム状のセニングレイヤー。②〜③フロントはハイレイヤー状のセニングレイヤー。ここは根元が立ち上がりやすいゾーンの厚みを整えることが目的なので、ピッチは細かく。

Rod On　ワインディングと薬剤操作

 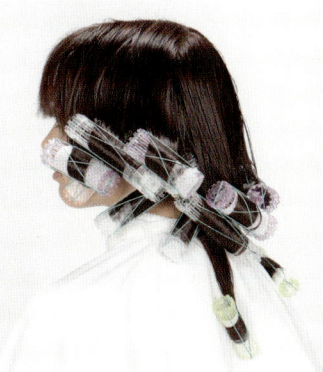  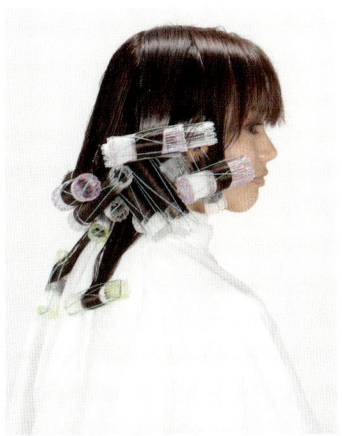

After Plain Rinse　水洗後

ダメージ対応を第一優先に。既ストパーのタンパク変性毛なので弱い薬剤を使い、モルビドスチームによるクリープ施術をする。左サイドのオーバーは27ミリ1.5回転のCカール。ミドルは2段に分け、上段のハチ部分は1回転のJカール、耳上は21ミリ2.5回転の平巻きのSカールで、ボリューム感を出す。フロント側は23ミリ2.5回転でリバースに斜め巻き。傷みのひどいネープは長さをキープしつつ、あまりかけたくないので、左右は21ミリで1.8回転、毛先のみ巻く。その上のミドルはロングの24ミリで2.5回転巻き、しっかりリッジを出す。その上の、バックサイドはロングの24ミリ、センターが27ミリで、どちらも2.5回転。オーバーは27ミリで1.5回転の毛先巻き。

Data

前処理剤／ケラチン＋コラーゲンのPPT、CMC
パーマ剤／1剤はスピエラつけ巻き、ネープのみシステアミンを塗布、13分。水洗後、モルビドスチームによるクリープ施術
2剤はブロム酸　7分＋7分＋5分

Case3
トップからハイレイヤーを多めに入れてダメージを削り、アンダーは残してウエーブ感を出す

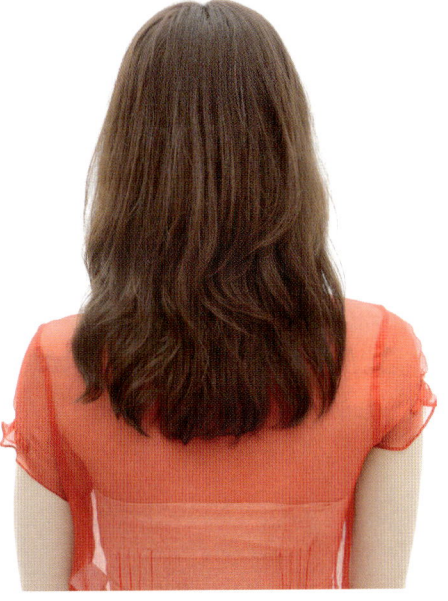

Before

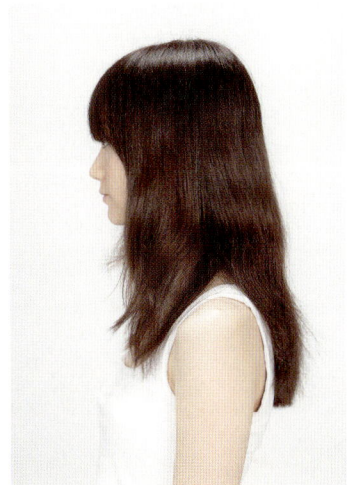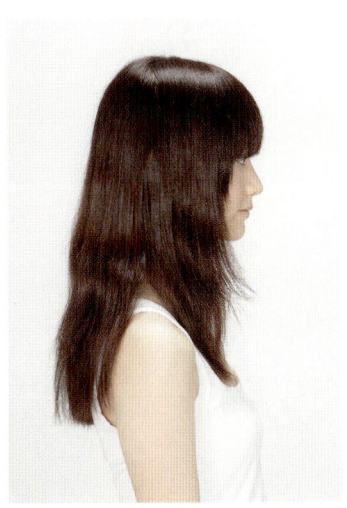

髪質・骨格

硬くて、縮毛混じりのクセ毛、毛量は普通。毛先20センチはホット系パーマによるハイダメージ。

注意点

毛先20センチに既ホット系毛があり、タンパク変性を起こして硬くなっている。表面全体がハイダメージ状態。カットでダメージ部分を極力おとして、パーマがかけられる場所を作る。左耳周辺がざっくりと削がれてしまっているので、耳周りの削ぎには注意が必要。耳周りが薄くなっている分、センターに重さを感じやすくなっている。またこめかみ付近は根元がつぶれやすい毛流なので、ここをフワッとさせるのが課題。

Case3 Point
トップからハイレイヤーを多めに入れてダメージを削り、アンダーは残してウエーブ感を出す

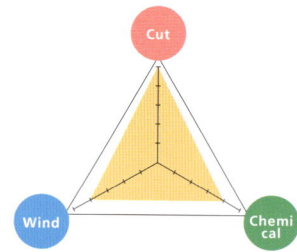

Base Cut　ベースカット終了後

External　外側を作るパネル構成

G　　　　　SL　　　　　L(Hi)

ベースカットの考え方とテク

エクスターナルは、アンダーがG、ミドル、オーバーがセイム〜ハイレイヤーのL。そこからトップをハイレイヤーでつなげて、顔周りと表面の傷んだ部分を取り去る。インターナルは、すべてハイレイヤー。ただしアンダーはカドを取って丸くおさまるようにし、肩に落ちた時の柔らかさを作る（★）。

Internal　内側を作るパネル構成

L(Hi)　　　L(Hi)　　　G　　　　★

Thinning　セニング終了後

Thinning Process 毛量・毛流・質感調節テク

セニングの考え方とテク

①～③毛量のたまるハチ上はパーマをかけない部分なので、バングの長さをガイドに、細かめのピッチで多めにセニングレイヤーを入れる。④左右の厚みが違うので、右サイドは削ぐゾーンの位置が変わる。左よりも深めの位置からセニングレイヤー。⑥～⑦セニングレイヤーで、バックセンターに溜まるボリュームを落とす。⑧～⑨右サイドは削ぐ位置が変わる。左サイドよりも深めの位置から、ハイレイヤー状のセニングレイヤーを入れる。

Rod On　ワインディングと薬剤操作

After Plain Rinse　水洗後

右は外ハネ、左は内巻きになる毛流。そのため右のウエーブが取れやすい。耳上は、左右とも21ミリでリバースに2.5回転巻いてウエーブにし、ボリュームを作る。フロントサイドは、左は23ミリでフォワードに2回転。右は毛流を考慮してリバースに2回転。右サイドのフロント1線は、巻かずに残す。バックサイドは23ミリで2.5回転のSカール、バックセンターのアンダーは21ミリで1.8回転のOカール。その上のミドルはボリュームが欲しいところなので、21ミリと23ミリで2.5回転巻く。

Data

前処理剤／ケラチン＋コラーゲンのPPT、CMC
パーマ剤／1剤はシステアミン　水巻き、自然放置5分。水洗後CMC　2剤はブロム酸　5分＋5分
中間処理剤／CMC、ケラチン＋コラーゲンのPPT
後処理剤／グロスフィリン入りのアルカリ除去剤

Curl Control Case Study

カットとパーマの組み合わせ方

デザイン集 P16 のマッシュボブスタイルを、素材条件の違う3人のモデルで作っていきます。
適度な丸みとふんわりしたボリューム感を、それぞれの髪質、骨格に合わせて
カットとパーマを組み合わせます。

Theme Style B

P16

丸いボリューム感のあるマッシュ系ボブ

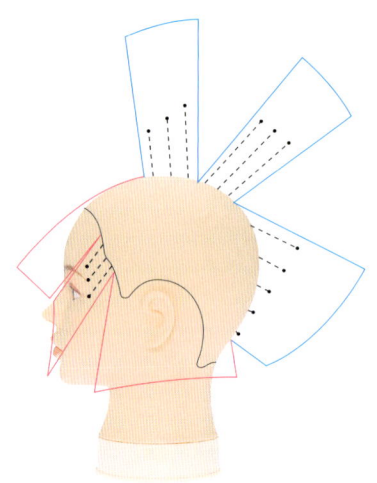

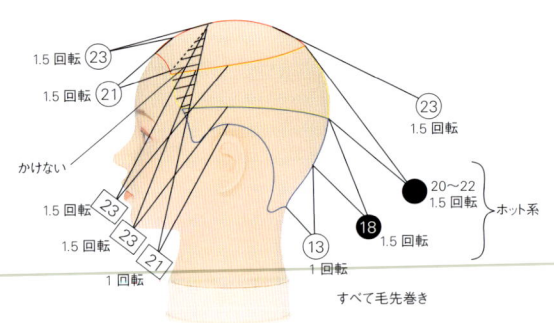

Cut

硬くて太く、直毛でパーマがかかりにくい髪質。ミドルダメージ毛。マッシュベースのラウンドグラでカット。エクスターナルはハイレイヤーのLでバングとのつながりを作り、サイドからバックにかけては前下がりのGでカットする。インターナルのミドルとアンダーはGで丸みを作り、オーバーはハチ周りがコンパクトになるようにLでカット。バックにしっかりウエイト感を作り、グラボブのシャープ感を出す。その後、密度の高いアンダーはルーツセニングで落とし、顔周りは深めのセイムレイヤー状でセニング。

Perm

アンダーのネープと耳上だけJカールで、あとはすべてCカール。オーバーは23ミリで1.5回転のCカール、サイドのミドルは21ミリ〜23ミリで1.5回転。耳上は21ミリで1回転のJカール。バックのネープも13ミリで1回転。顔周り、ハチ周りはかけない。ボリュームと大きなリッジをしっかり出したい、バックのミドルとアンダー中央（ネープ上）だけはホット系によるクリープ施術。50℃3分、45℃2分、40℃2分。18ミリ〜22ミリで1.5回転。

薬剤データ

前処理剤／CMC
パーマ剤／1剤はシステアミン系のつけ巻き　7分、水洗後、ホット系によるクリープ施術　2剤はブロム酸　7分＋7分
中間処理剤／CMC（ホット系部分にのみ）
後処理剤／グロスフィリン入りのアルカリ除去剤

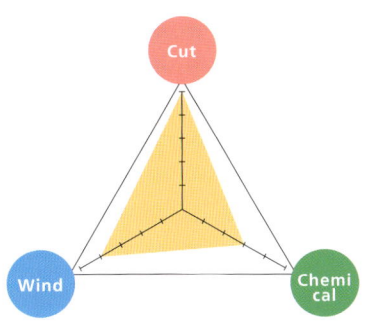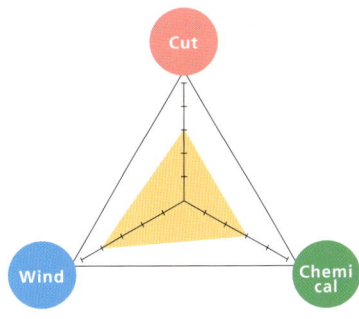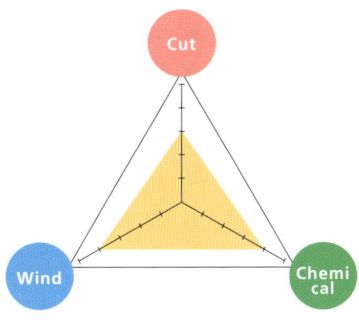

Case 1

毛流が強く、普通にパーマをかけるとハネてしまう髪質。

Case 2

レイヤーが多く入っていて、レングスも短いので丸さが出にくい。

Case 3

かなりの直毛で、ふんわり感が出にくい髪質。

ベースカットとセニングで毛流をコントロールし、量感、バランスを整えてから、パーマでふんわりさせる。

ミドルセクションのGの入れ方と、ワインドの仕方で丸みを出し、テーマスタイルのフォルムと質感に近づける。

ベースカットの段階でウエイト位置を操作して、丸みのある柔らかなフォルム・質感になるようにする。

Case1
バックの毛流の強さを、ベースカットとセニングで整えてからワインディングで質感を出す

Before

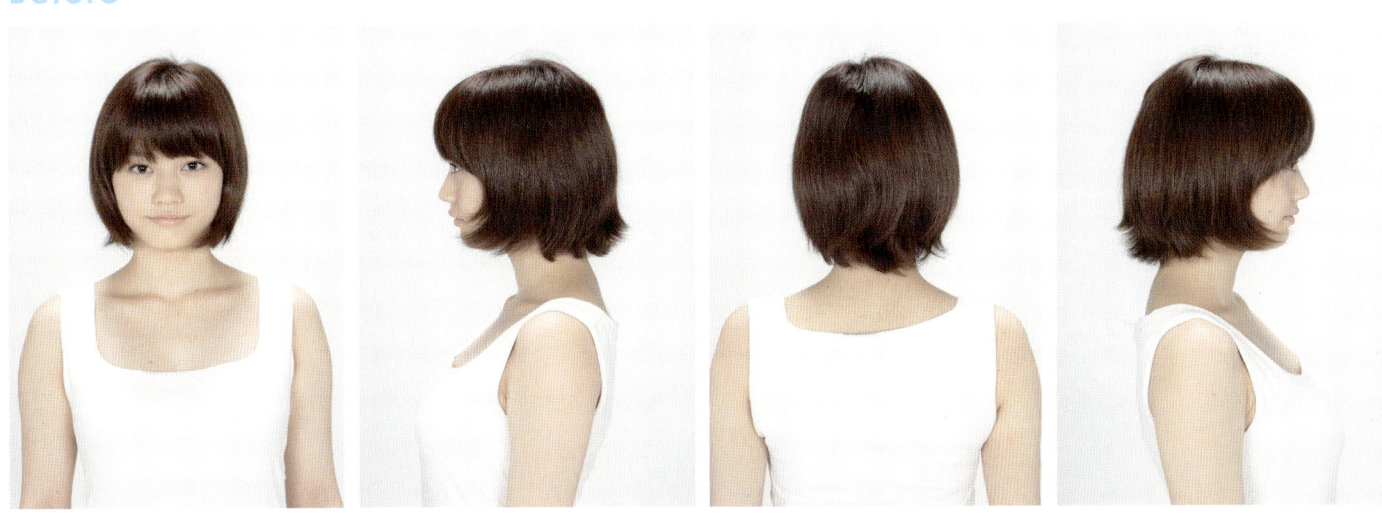

髪質・骨格

量と太さは普通だが、毛量が多い。柔らかく、かかりやすい髪質。つむじからくるうねりでバックの毛流が強い。

注意点

バックセンターで左右の毛流がぶつかり合い、ネープがハネてしまう。このままパーマをかけると、さらにハネあがることになる。またシンメトリにカットすると、ウエイトラインがアシンメトリに出てくるので、毛流、量感に合わせた、左右非対称のセニングで対応していく必要がある。ワインディングも当然、左右非対称となる。

Case1 Point
バックの毛流の強さを、ベースカットとセニングで
整えてからワインディングで質感を出す

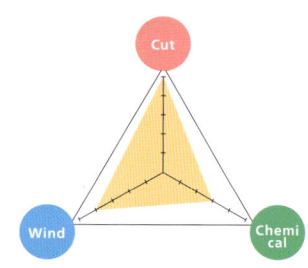

Base Cut　ベースカット終了後

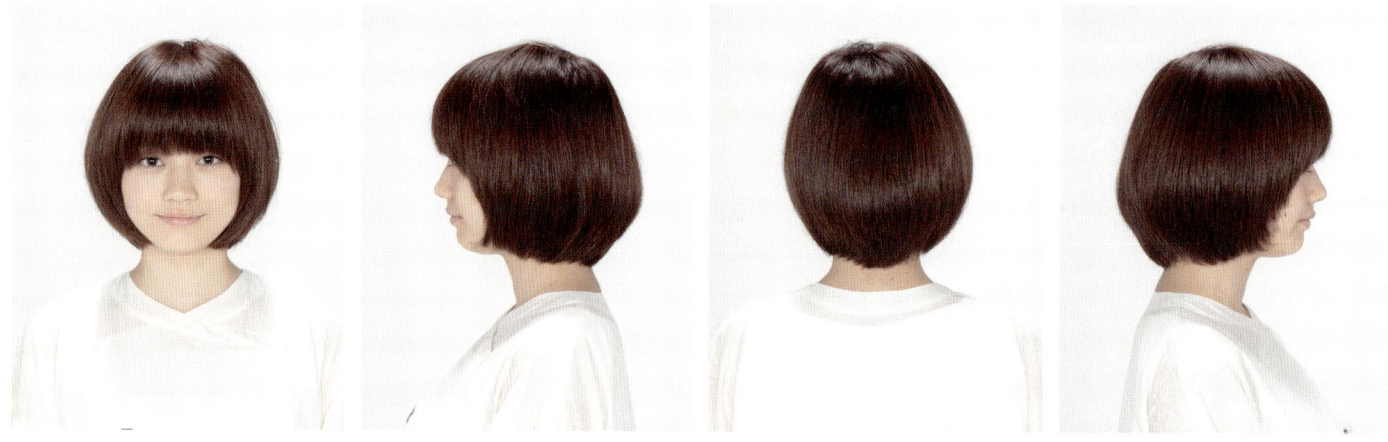

External　外側を作るパネル構成

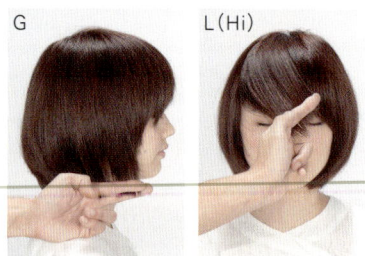

ベースカットの考え方とテク

エクスターナルは、アンダーがG、ミドル、オーバーはハイレイヤーの
L。インターナルは、ウエイトを低めにしたほうが骨格的に似合うの
で、アンダーは重めのG。ミドルはアンダーよりは軽いGにし、マッ
シュラインっぽいワイドバングにつなげる。オーバーはセイムのLで
丸さを出し、バングはGでつなげる。イア・トゥ・イアより前は、エク
スターナルのカドを残し、ボブ感を強調。

Internal　内側を作るパネル構成

Thinning　セニング終了後

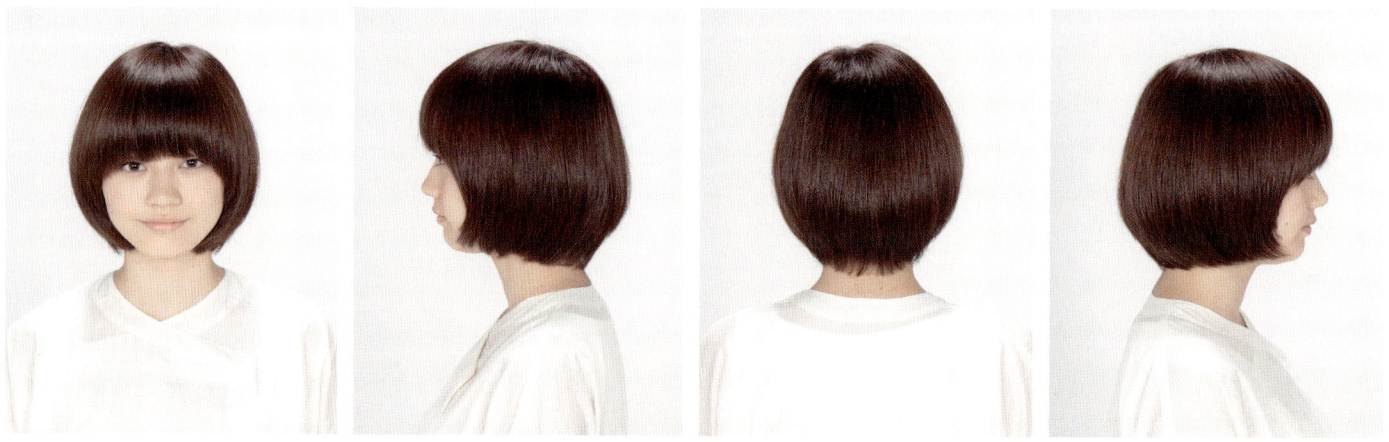

Thinning Process　毛量・毛流・質感調節テク

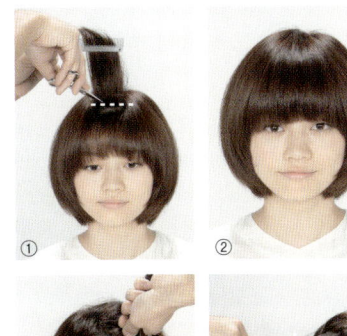

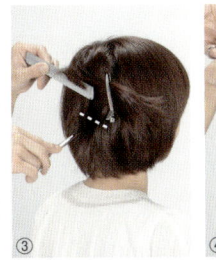

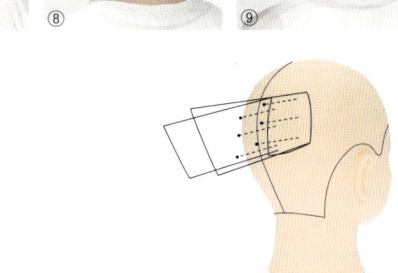
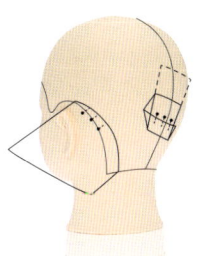
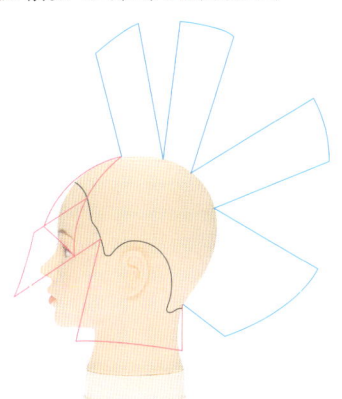

セニングの考え方とテク

①～②バングの内側は、細かいピッチのルーツセニングで量感を取る。③バックの毛流がぶつかり合うゾーンは、立体裁断で短くするだけではラインが出てしまう。先に大きめのピッチでルーツセニングを入れ、量感を減らす。④～⑤その後、残っている毛先を立体裁断で落とすと、毛流がおさまる。⑥右バックサイドは、左サイドに合わせて量感調節。⑦ウエイト感を崩したくないので、大きめのピッチで深めの位置からセイム状のセニングレイヤー。⑧左下ネープの毛流がぶつかってたまる部分をふたたび処理。パーマがかかる部分なので、深めの位置にルーツセニング。束感が欲しいので、ピッチは大きめに。

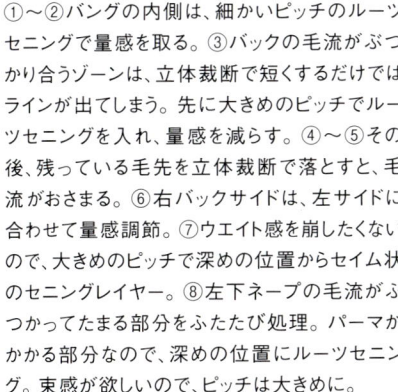

Rod On　ワインディングと薬剤操作

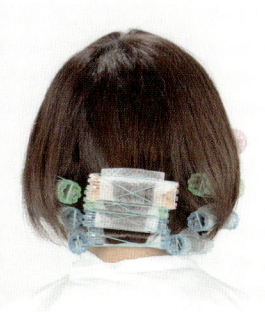
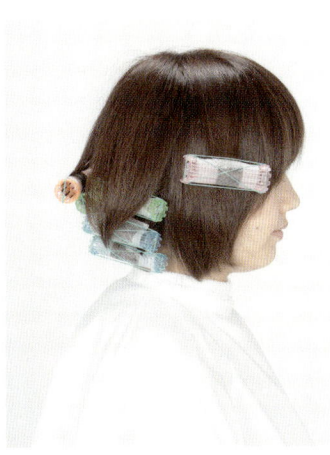

After Plain Rinse　水洗後

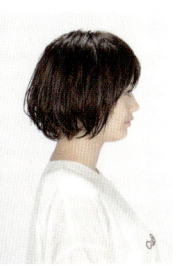

サイド耳上は25ミリで1回転のJカール。ただしペタッとしやすい左は、スライスを右より厚く取る。これは左サイドにカール状のボリュームを持たせるため。バックは毛流を処理するために量感を取ったので、ワインドでボリュームアップ。バックサイドのミドルは17ミリ～19ミリで1.5回転のCカール。丸みが充分にあるオーバーは巻かない。バックセンターは17ミリ～23ミリでCカール。システアミンを使用。

Data

前処理剤／CMC
パーマ剤／1剤はシステアミンで水巻き4分　2剤はブロム酸　5分＋5分
後処理剤／グロスフィリン入りのアルカリ除去剤、CMC

Case2
テーマスタイルより長さが短いが、GとLの重なりと、アンダーのパーマで丸みを作る

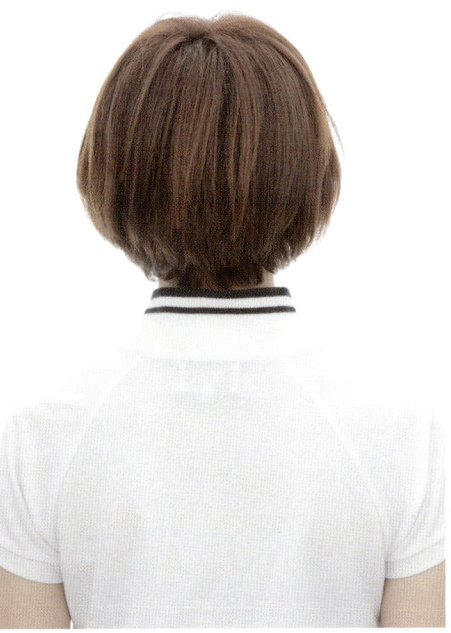

Before

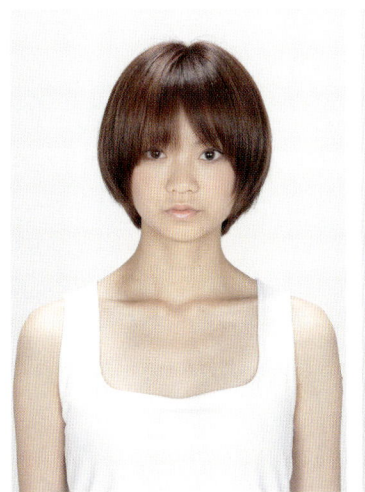

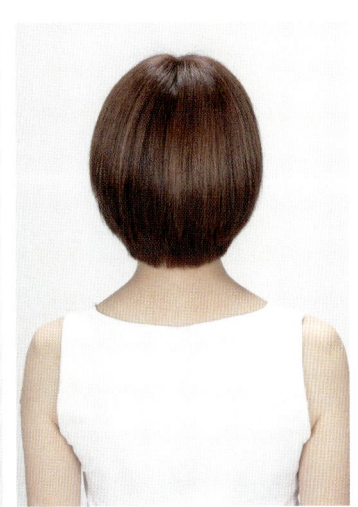

髪質・骨格

普通毛だが多毛。ややバックセンターに重さがたまりやすい。表面に少しダメージがある。

注意点

表面が傷んでいる程度で、髪質的に大きな問題はないが、テーマスタイルに比べると長さが足りないし、レイヤーもたくさん入っている。さらに、直毛なのでテーマスタイルのような丸さ、ふんわり感はかなり出にくい。それをカットとワインディングの工夫で、いかに似たシルエット、質感に持っていけるかがポイント。

 **Case2 Point**
テーマスタイルより長さが短いが、
GとLの重なりと、アンダーのパーマで丸みを作る

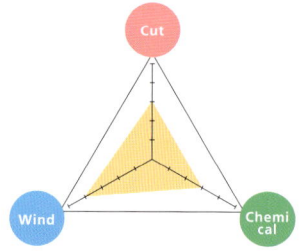

Base Cut　ベースカット終了後

External　外側を作るパネル構成

G　　　SL

ベースカットの考え方とテク

エクスターナルはアンダーがG、ミドルはLで、フロント周りの傷んでいる部分を落とす。インターナルは、オーバーはLで、やはりダメージ部分をカット。パーマをかけるミドルはセイムに近いG、アンダーはGでアウトラインを整える程度に。全体の髪の重なり具合で、丸さが出るようにする。

Internal　内側を作るパネル構成

G　　　SL　　　L　　　SL

Thinning　セニング終了後

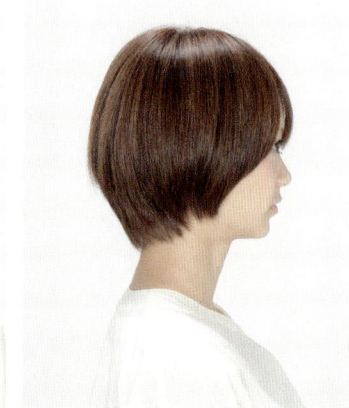

Thinning Process 毛量・毛流・質感調節テク

セニングの考え方とテク

①〜②多毛なので、ネープの内側にはかなり重さがたまっている。ここを大きめのピッチでルーツセニング。密度の高い部分を狙って落としていく。特にバックセンター部分を重点的に。③耳後ろもたまっている部分のみを、大きめのピッチでルーツセニング。

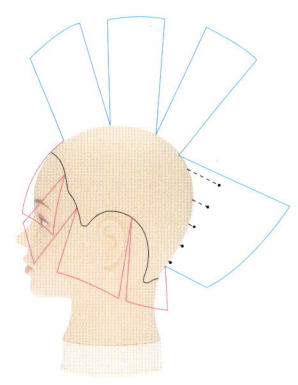

Rod On ワインディングと薬剤操作

After Plain Rinse 水洗後

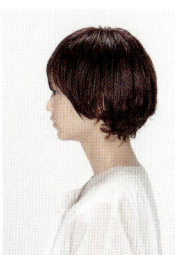

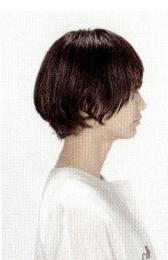

フロントは、上から被さってくる部分のセンターのみを23ミリで1.5回転巻き、ふんわりとした丸みを出す。顔周りは巻かない。ウエイトラインより下にボリュームをつけると全体に丸みが出るので、他はアンダーセクションのみに、ごくゆるいカールをつける。サイドは21ミリ〜23ミリの1回転でJカール。アンダーは15ミリ〜19ミリで1.5回転のCカール。その上はオーバーとのつなぎで、21ミリで1回転のJカール。薬剤はアルカリがアルギニンタイプのチオを使用。モルビドスチームを併用する。

Data

前処理剤／ケラチン＋コラーゲンのPPT、CMC（特に、パーマをかけないハイダメージ部分に）
パーマ剤／モルビドスチームで膨潤させてから、1剤はアルギニンタイプのチオで水巻き5分　2剤はブロム酸　5分＋5分
後処理剤／グロスフィリン入りアルカリ除去剤

Case3
直毛でふんわり感が出にくい髪質なので、ややウエイトを上げて、柔らかさと丸さを出す

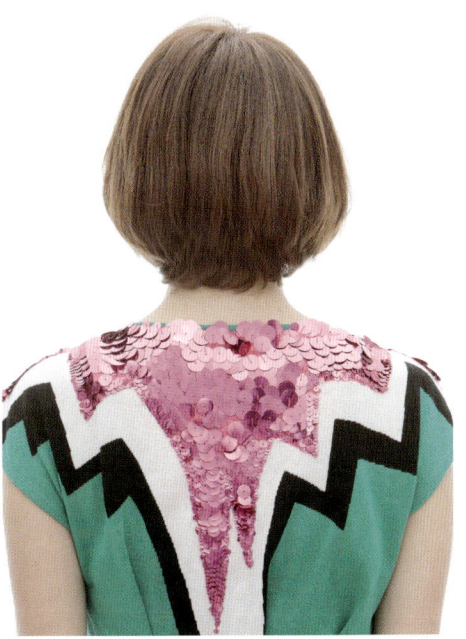

Before

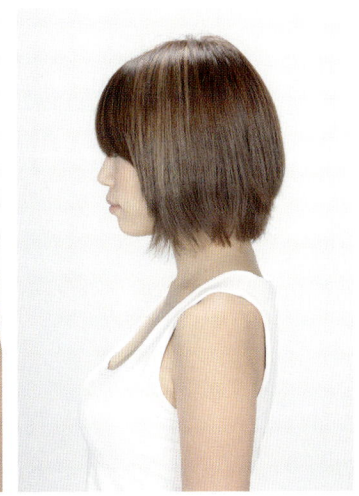
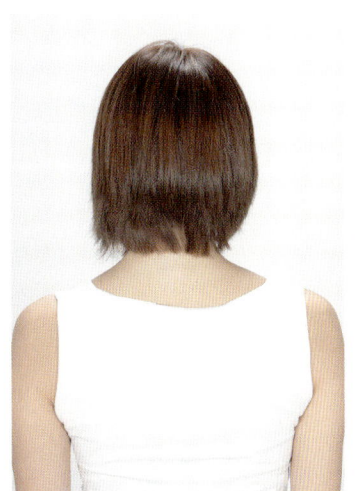

髪質・骨格

直毛で根元がペタッとつぶれやすい髪質。バックには右に流れる毛流がある。

注意点

髪質的にふんわりした丸さがとても出づらいので、カットとワインディングでフォローする必要がある。ただしバックの内側には右に流れるうねりがあり、バックセンターには重さがたまっている。そのうねりの影響で、右サイドの毛先は外にハネやすい。ここはワインドで矯正が必要。左サイドは削がれ過ぎて、ハネやすくなっている。

Case3 Point
直毛でふんわり感が出にくい髪質なので、
ややウエイトを上げて、柔らかさと丸さを出す

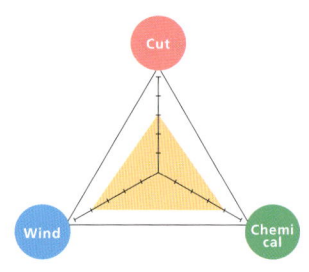

Base Cut　ベースカット終了後

External　外側を作るパネル構成
G　　L(Hi)

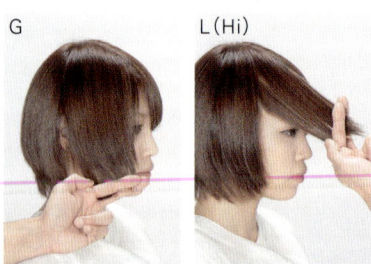

Internal　内側を作るパネル構成
G　　G　　G

ベースカットの考え方とテク

エクスターナルもインターナルもテンプル以外はGベース。この髪質に丸さを出すためには、ミドルとアンダーに厚みを作り、重めのシルエットにみせていくことが大切。エクスターナルのアンダーはG、その上のオーバーのみバングにつなげるハイレイヤーのL。インターナルのアンダーはG、ミドルとオーバーはセイムに近いG。毛先の厚みを残し、その部分にカールをつけて丸さを出す。

Thinning　セニング終了後

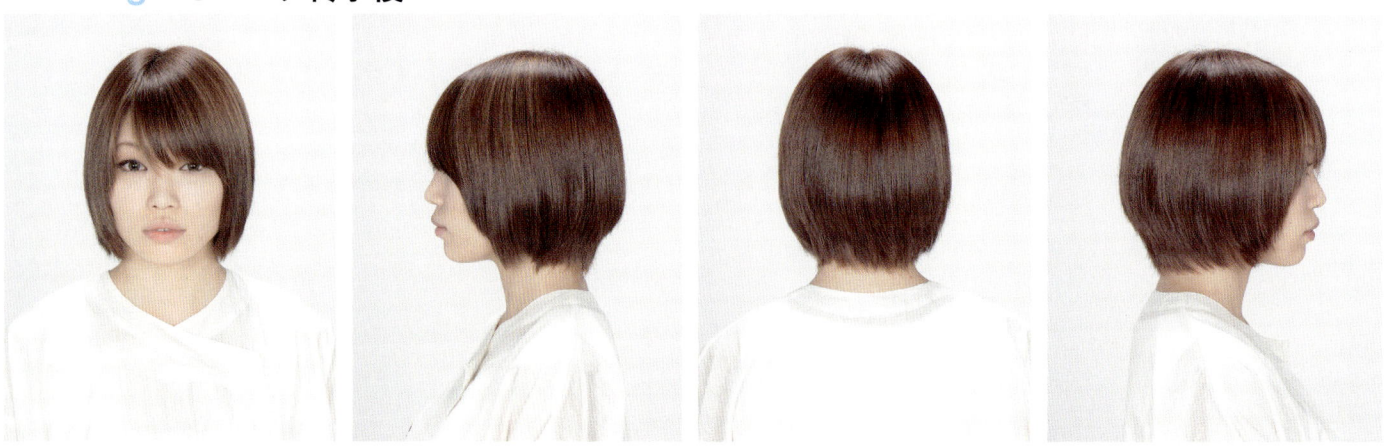

Thinning Process　毛量・毛流・質感調節テク

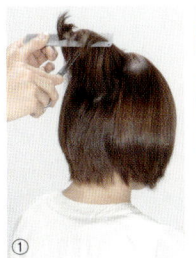
①

②

③

④

⑤

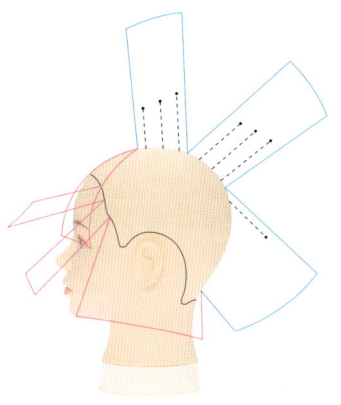

セニングの考え方とテク

①〜③オーバーセクション中心にセニング。かなりつぶれやすい髪質で、バックのインターナルはレングスの短いGベースなので、オーバーはアンダーにつながるように深めの位置からセニンググラを多めに入れる。この部分はホット系で巻いてリッジをしっかり出すつもりなので、毛先には入れないようにする。表面には削ぎが入らないことが大切。④〜⑤オーバーのフロントトップのみ、細かめのピッチでセニングレイヤーを多めに入れ、アンダーのGをより重くみせるようにする。特にヘビーサイドを重点的に。

Rod On　ワインディングと薬剤操作

After Plain Rinse　水洗後

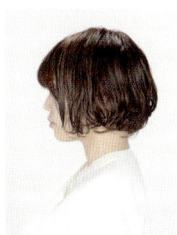
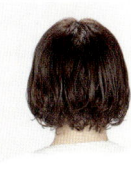

丸さをしっかり出したいので、バックとバックサイドのミドルはホット系で巻く。その他はコールドで施術。バングはセンターのみ21ミリで1回転のJカールに。その他は巻かない。サイドは、フロントサイドが21ミリで1回転のJカール、耳上は21ミリでCカール。イア・トゥ・イアより後ろはネープが15ミリのCカール、ホットより上は21ミリ〜23ミリでJカール。バックセンターとバックサイドのミドルのみ18ミリ〜20ミリのCカールでホット系。ただし左サイドは横スラで平巻き、右に流れる毛流のある右サイドは、斜めスライスでリバースに巻く。薬剤はシステアミンを使用。

Data

前処理剤／ケラチン＋コラーゲンのPPT、CMC
パーマ剤／1剤はシステアミンで水巻き5分。ホット系は50℃3分→45℃3分→40℃2分　2剤はブロム酸　7分＋7分
中間処理剤／CMC、キトサン。ホット系部分にのみ
後処理剤／グロスフィリン入りアルカリ除去剤

Curl Control Case Study

カットとパーマの組み合わせ方

デザイン集P14のミディアムレイヤースタイルを、素材条件の違う3人のモデルで作っていきます。
デザインのポイントであるややひし形気味のAラインシルエットと、ボリューム感を、
それぞれどのようなテクを使って表現していくのかを見てください。

Theme Style C

P14

Aラインウエーブのミディアムレイヤー

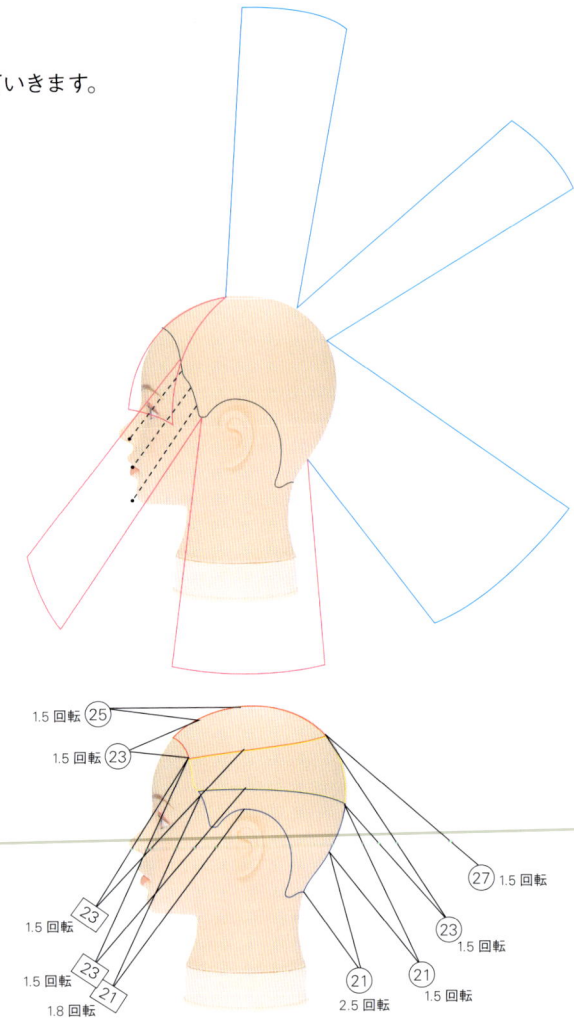

Cut

髪質は細くて柔らか。ややダメージあり。アンダーセクションはワンレングス。ミドル、オーバーは横スライスでそこから少しずつリフトアップさせ、Gをつけてカット。イア・トゥ・イアより前は、耳後ろの毛が前に落ちてきて重さがたまるので、深めの位置からセニングレイヤーを入れる。バックはセニングを入れない。ペタッとしやすいオーバーにもセニングを入れない。

Perm

アンダーは、ネープが21ミリでSカール、その他バックは21ミリでCカール。耳周りが21ミリでOカール、ミドルはすべて23ミリでCカール、オーバーは顔周りが23ミリ、バックが27ミリでCカール。バングは内側が23ミリでCカール、上が25ミリでCカール。すべて横スライスの平巻き。システアミン使用、コールドのクリープ施術。

薬剤データ

前処理剤／ケラチン＋コラーゲンのPPT、CMC
パーマ剤／1剤はシステアミンで水巻き（アンダーのみつけ巻き）5分、水洗後、モルビドスチームによるクリープ施術　2剤はブロム酸　7分＋7分

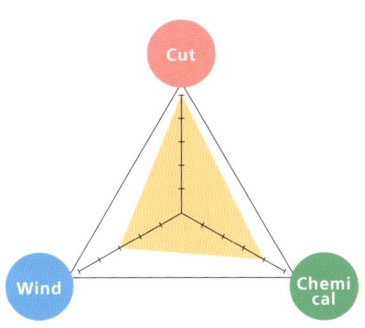

Case 1

太くて硬く毛量が多いが、バングは作りたくないという希望。

↓

顔周りにハイレイヤーをたっぷり入れて軽くし、バックでAラインを作って、同様のシルエット、ボリューム感に。

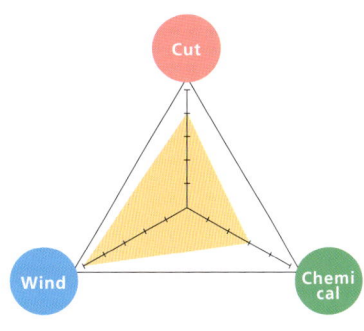

Case 2

最初からレイヤー、セニングが多く入り、ハイダメージ毛。

↓

ダメージ部分はカットで取り去り、カールが出る状態にしてからアンダーのワインディングでAラインに近づける。

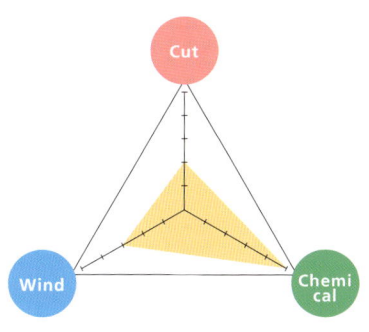

Case 3

レングスが長過ぎてAラインに見えにくいし、パーマがかかりにくい髪質。

↓

顔周りを軽くすることで、下にボリュームが出て、Aラインを強調。微シス毛（欧米人に多い）なので、クリープ施術でリッジ感を出す。

Case1
バングレスなので、テーマスタイルよりもエクスターナルを切り込んで、顔周りを軽くする

Before

髪質・骨格

太くて硬く、毛量も多い。カラーによるミドルダメージ。

注意点

毛流的にミドルセクションのハチ下がつぶれやすいので、オーバーセクションの膨らみが逆に強調され、顔周りに重さがたまりやすい。小顔に見せるためには、顔周りの毛量調節がとても大切。またこのモデルは「バングをつくりたくない」という希望がある。バングがないと平面的になりやすいので、より注意が必要。ネープセンターに集まる毛流もあり、ここにも重さがたまりやすい。

Case1 Point
バングレスなので、テーマスタイルよりも顔周りの
エクスターナルを切り込んで、軽い印象にする

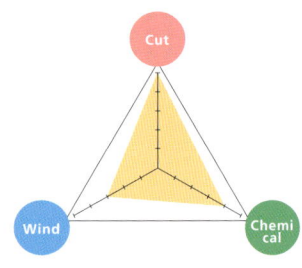

Base Cut　ベースカット終了後

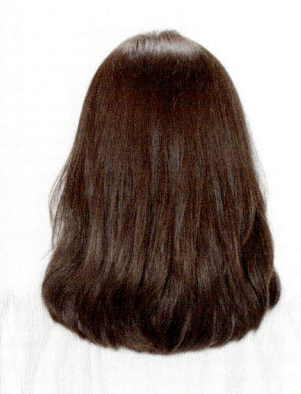

External　外側を作るパネル構成

G　　　　L　　　　G

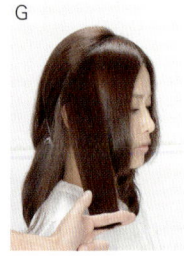

Internal　内側を作るパネル構成

L（Hi）　　L　　　　SL　　　　G

ベースカットの考え方とテク

エクスターナルは、フロント周りに軽さを出す必要があるので、オーバーをGにして顔周りの空間を空け、ミドルはハイレイヤーのLで軽くし、そこからアンダーのGにつなげる。インターナルは、テーマスタイルと同じにすると、ミドルにボリュームが出ない。アンダーはG、ミドルもGで重さ、丸さを出し、オーバーはセイムに近いLでカット。バングを作らないので、フロント周りはテーマスタイルより軽くし、バックでAラインのシルエットを作る。

Thinning　セニング終了後

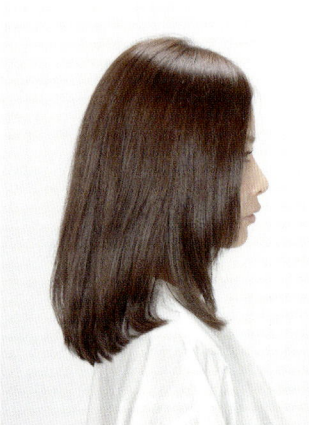

Thinning Process　毛量・毛流・質感調節テク

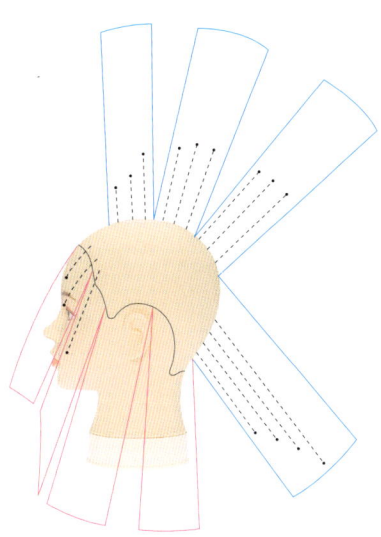

セニングの考え方とテク

①〜③フロントトップはセニングも加えて軽さを出す代わりに、パーマはかけない。細かいピッチでセニングレイヤー。④〜⑤クラウンなど、毛先にパーマをかける部分は根元〜中間のみセニング。深めの位置から、大きなピッチでアール状にセニングレイヤー。⑥〜⑦フェイスラインは、アゴ下に落ちる部分の隙間を空けて軽くしたいので、大きなピッチで内側からセニンググラ。⑧〜⑨バックセンターにたまる部分は、大きめのセニンググラで隙間を空ける。

Rod On　ワインディングと薬剤操作

After Plain Rinse　水洗後

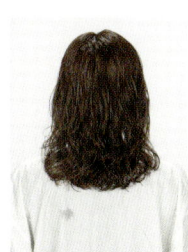
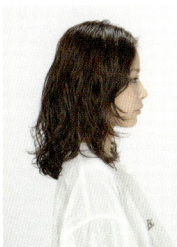

セニングで軽くしたフロントトップはかけない。フェイスラインは23ミリで毛先のみ巻く。その下のミドルはつぶれやすくAラインになりにくいので、サイドの耳上は21ミリで根元まで3回転巻き込む。バックサイドは毛流に合わせて、19ミリ〜23ミリで左はフォワード、右はフォワードとリバースを交互に。バックはネープを19ミリで1.8回転のOカール、その上は21ミリで2.5回転でSカール、その上は23ミリで1.5回転でCカールに巻く。薬剤は、ダメージ毛なのでコスメ系のシステアミンを使用。モルビドスチームによるコールドのクリープ施術。

Data

前処理剤／ケラチン＋コラーゲンのPPT、CMC
パーマ剤／1剤はシステアミンで水巻き5分、水洗後、モルビドスチームによるクリープ施術　2剤はブロム酸　5分＋5分
中間処理剤／CMC
後処理剤／グロスフィリン入りのアルカリ除去剤

Case2
傷んだ部分はできるだけカットで取り去り、ワインディングでAラインに近づける

Before

髪質・骨格

細いが毛量は多い。毛先にホット系パーマが残っていて、ハイダメージ毛。

注意点

もともとテーマスタイルよりレングスが短く、段もたくさん入っている。顔周りは特に傷んでいるが、バングを作ることがOKなので、ダメージ部分を極力カットし、パーマをかけられる状態にする。細くてペタッとなりやすい髪で、ふわふわの質感を出しにくい。これをワインドでコントロール。また右が内巻き、左が外ハネしやすいという、通常とは逆の毛流であることも注意が必要。特に左サイドは、かなりうねりが強い。

Case2 Point
傷んだ部分はできるだけカットで取り去り、
ワインディングでAラインに近づける

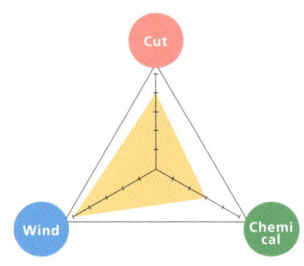

Base Cut　ベースカット終了後

 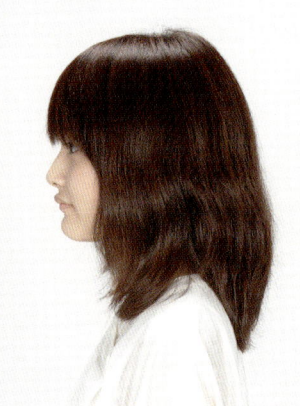  

External　外側を作るパネル構成

L　　G

Internal　内側を作るパネル構成

ベースカットの考え方とテク

バングを作ることで、キュート系にして似合わせると共に、傷んでいるフロント部分を取り去る。もともとかなり段が入っているが、顔周りをLでカットし、そこからアンダーのGでアウトラインにつなげ、アンダーの重さを強調する。インターナルはセイムのLでカットし、表面の傷んでパサついている部分をできるだけ取り去る。アンダーはGで毛先を整える程度にし、適度に丸さが出るシルエットを作る。ワインドでAラインに近づけられるベースにしておくことが大切。

Thinning　セニング終了後

Thinning Process　毛量・毛流・質感調節テク

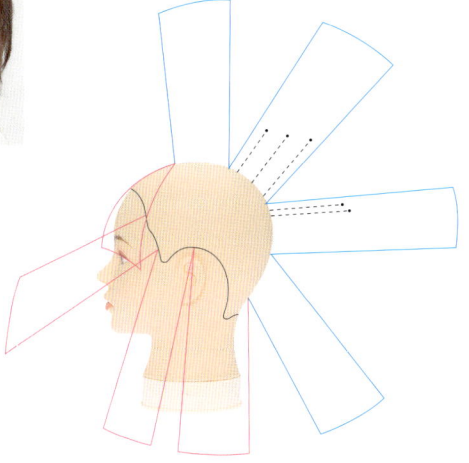

セニングの考え方とテク

①左サイドは、もともと削ぎが入り過ぎてスカスカの状態。このままでは右サイドと量感が合わない。②〜③そこで右サイドのみ、セイム状のセニングレイヤー。アンダーはAラインのボリュームを出したいし、ロッドを巻きこむ部分なので、深めの位置のみセニングする。④左右の量感を揃える。⑤〜⑥オーバーは毛先のみ巻くので、中間までセニングレイヤーでボリュームを落とし、大きいピッチで、束感が出るようにする。

Rod On　ワインディングと薬剤操作

After Plain Rinse　水洗後

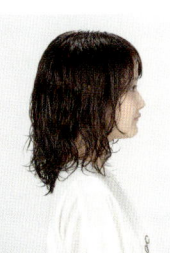

ダメージ部分はカットでだいぶ取り去ったが、細くてかかりやすそうな髪質なので注意が必要。うねりの強い左サイドは、巻きこみは浅めに。こちらは量が少ないので横で平巻き、23ミリで表面は1回転のJカール、内側は1.5回転のCカールに巻く。右サイドは質感を作るために、リバース気味にCカールに巻く。ただしこちらは量が多いので斜めスライスに変える。両サイドとも、うねりのあるフロント1線目は巻かない。ボリュームアップしたいバックセンターは、平巻きで23ミリ、2.5回転のSカール。他は23ミリでCカールに巻く。ネープは21ミリで、センターが1.8回転、サイドは2.5回転。バックサイドは、ミドルからオーバーまでは1.5回転。右はやや縦気味のリバースに1.5回転。

Data

前処理剤／ケラチン＋コラーゲンのPPT、CMC
パーマ剤／1剤はシステアミンで水巻き5分、2剤はブロム酸　5分＋5分
中間処理剤／ケラチン＋コラーゲンのPPT、CMC
後処理剤／グロスフィリン入りアルカリ除去剤

Case3
顔周りを軽くしてアンダーの重さを強調し、クリープ施術でリッジを出してAラインに

Before

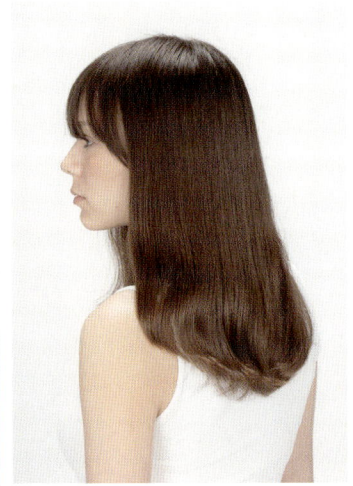

髪質・骨格

細くて量は多い。毛先にホット系パーマとシリコンコーティングが残っている。

注意点

テーマスタイルよりレングスが長いので、このままだとAラインになりにくい。微シス毛（欧米人に多い）で通常のコールドパーマ剤（強めのアルカリ剤）ではかかりにくく、バサバサになってしまう恐れがある。ザラつき感や硬さ具合から、ホット系によるタンパク変性も起こしていると考えられる。傷んだ部分はカットで取り去ってから、クリープ施術でリッジ感を出してAラインに近づける。

Case3 Point
顔周りを軽くしてアンダーの重さを強調し、クリープ施術でリッジを出してAラインに

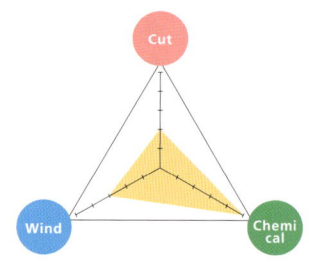

Base Cut　ベースカット終了後

External　外側を作るパネル構成

Internal　内側を作るパネル構成

ベースカットの考え方とテク

顔周りはLを入れて軽さを出すことで、アンダーのボリューム感を強調して、Aラインのシルエットに近づける。エクスターナルはサイドにGを入れて傷んだ毛先部分を落としてから、テンプル付近まではセイム状のLを入れて丸みを出す。インターナルは、クラウンにハイレイヤー気味のL、そこからセイムに移行してアンダーのGにつなげることで適度な丸みを持ったAラインシルエットにする。セニングは一切必要がない髪質。

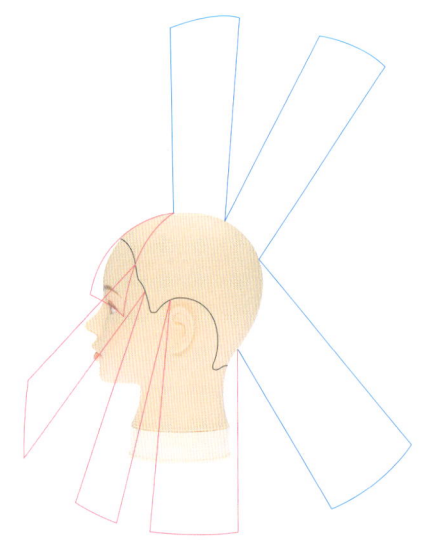

Rod On　ワインディングと薬剤操作

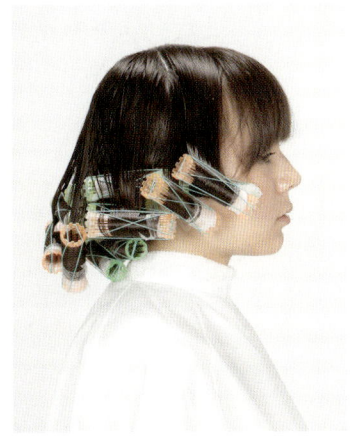

Creep Process　クリープテク

① ② ③ ④ ⑤

⑥ ⑦ ⑧ ⑨

ワインディングとクリープ施術の考え方

通常のコールドパーマではかかりにくい髪質なので、クリープ機を用いた施術を行う。スピエラでつけ巻き。ボリュームが欲しいので、ミドルのサイドは19ミリ～21ミリで3回転のウエーブに巻く。ミドルのバックは同じく19ミリ～21ミリで3回転。セクションも細かく取る。①ロッドオン後、システアミンを重ねづけし、ラップをかけて放置。②テストカール。③中間水洗してタオルドライ。クリープ機をセットし、クリープ施術に入る。④42℃のスチームで10分（ヘアキャップの口はやや開ける）。⑤次に30℃の温風で5分。ヘアキャップの口は大きく開ける。⑥次に温風50℃で10分。口は大きく開ける。キャップ内で温度差ができないように注意。⑦最後に冷風で3分のクーリング。8割程度乾燥させる。⑧2剤はブロム酸で5分＋5分＋5分。⑨ロッドアウト。

After Plain Rinse　水洗後

Data

前処理剤／ケラチン＋コラーゲンのPPT、CMC（既ホット系部分のみ）
パーマ剤／1剤はスピエラのつけ巻き5分＋システアミン塗布後、自然放置10分、水洗後、モルビドスチームによるクリープ施術
　　　　　2剤はブロム酸　5分＋5分＋5分

Curl Control Point & Technic

毛流コントロールのワンポイントテク

P64〜107のCase Studyの中から、よくある髪質・毛流のパターンと、それをコントロールするワインドのテクニックポイントをまとめました。

●部分ホットで、根元がつぶれやすい髪を大きくふんわりとしたウエーブに ← P68

Before（セニング終了）
- ふくらみやすい
- つぶれやすい
- ふんわりとした大きなウエーブを出しにくい髪質
- クセが強い

After
- つぶれやすいハチに、ふんわり感を出す
- 外人のようなボリューム感のある、ややAライン気味のシルエットに

Winding

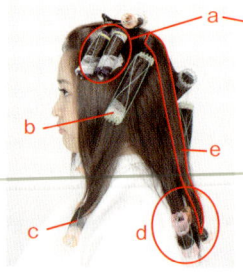
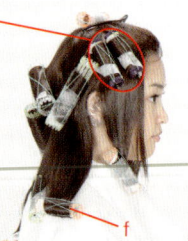
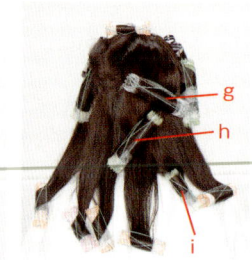

a ボリュームが欲しいこの部分だけ、ホット系。22ミリでリバースに
b リバースに3回転巻く
c 左は23ミリ1.5回転で、右に合わせる
d 毛先だけ1.5回転
e クセが強いので巻かない
f 左よりクセが弱いので、23ミリ、2.5回転で補正
g ロング30ミリ、横巻き2.5回転
h その下はロング27ミリ、横巻きに3回転でボリュームを出す
i ここだけ21ミリで2.5回転。左のクセに合わせてボリュームアップ

●ハイダメージをカバーしつつ、右に流れる毛流を補正し、左右対称のウエーブに ← P76

Before（セニング終了）
- 外ハネしやすい
- 毛先はハイダメージ
- 内巻きになり、ウエーブがとれやすい

After
- 左右対称な質感と方向性にする

Winding

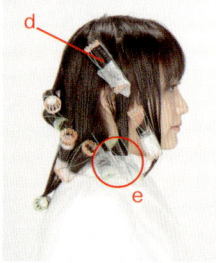

a フロントは毛先のダメージがひどく、クセもある部分なのでかけない
b 左サイドは21ミリでフォワードに2回転
c 耳後ろはつぶれやすいので23ミリで2.5回転、フォワードに
d 耳上はボリュームが欲しいので、21ミリでリバースに2.5回転
e 右は毛流を考えて、よりリバースに
f ネープは21ミリで1.8回転

● 直毛で丸さが出にくい髪質に、部分ホットで、丸みのあるマッシュフォルムを作る ← P90

Before（セニング終了）

直毛で
つぶれやすい髪質

デザイン的に
丸さが欲しい

After

適度な丸みと
ボリュームを出して、
マッシュ系の
フォルムに

Winding

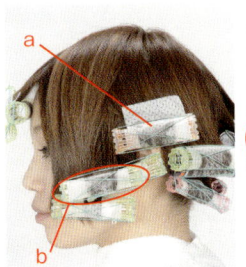

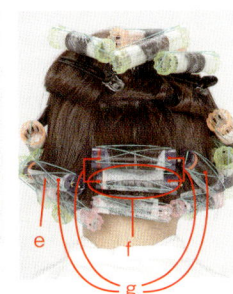

a 耳上のオーバーセクションはCカールでふんわりさせる
b 耳上は21ミリのCカールで丸みを出す
c 右に流れやすいので、リバースに巻いて補正
d 表面は上から23ミリでJカール、その下は21ミリでJカール、ネープは15ミリでCカール
e 左は平行気味に巻く
f この1本で、ボリュームが大幅にアップ
g 内側はセンターとバックサイドにホット系。18ミリ〜20ミリでCカール

● 左右のクセや削がれ方に差がある髪を、シンメトリーなAラインに ← P100

Before（セニング終了）

左より
量が多い

うねりが
強い

右に比べて
削がれ
過ぎている

After

均一な質感、
ボリューム感にする

Winding

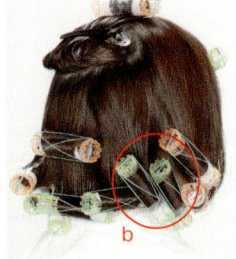
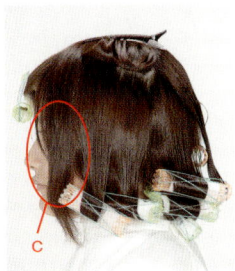

a うねりはあるが毛量が少ないので平巻き。3段で
b 毛量が多いので、斜め巻きに2段で
c この部分はうねりを活かすので、かけなくてOK
d 毛量が多いので、平巻きではなく斜め巻きでボリュームダウン、21ミリでCカール

Design Recipe

P10 アンダーにボリューム感のある
カールを出して、Aラインシルエットに

● External O/S＝L(Hi) M/S＝G U/S＝G
● Internal O/S＝L M/S＝G U/S＝G

● 髪質
細くて量が少ない。ダメージは少ない

● Cut
やや前上がり気味のアウトラインを設定したあと、テンプルからもみあげまではハイレイヤーでカットし、アウトラインにつなげる。フロントからレイヤーで、リフトアップしつつバックまでカット。トップと顔周りはセニングレイヤーで動きを出す。ミドルとアンダーは、エンズで毛先を若干崩す程度に。

● Perm
アンダーは強めの質感を出したかったので、毛先から3回転、ミドルとオーバーは2.5回転、顔周りは1.5回転。バングは丸みをつけるために1回転。奥行きを出すために、目尻からこめかみ部分にはかけない。耳上と耳後ろの厚みになる毛にはしっかりとかけ、すそにボリュームが出るようにする。

● Data
前処理剤はケラチン＋コラーゲンのPPT、CMC。1剤はシステアミン系加温7分。水洗後、ケラチン。スチームによるクリープ施術。2剤はブロム酸7分＋7分。

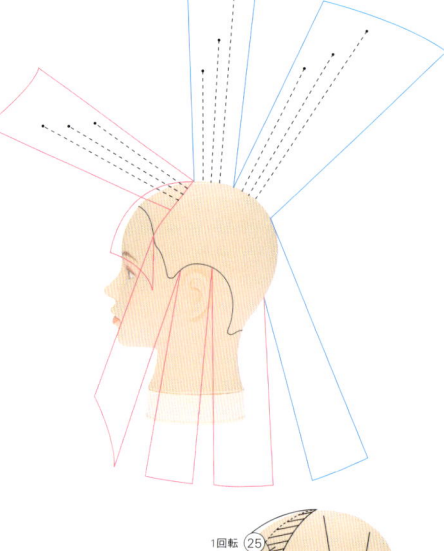
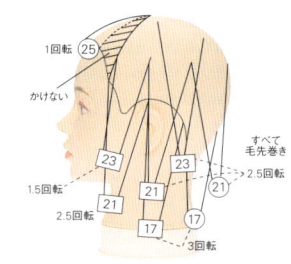

P11 JとCカールの組み合わせで、
Aラインではなくウエーブでもないフォルムと質感に

● External O/S＝L(Hi) M/S＝L U/S＝L
● Internal O/S＝L M/S＝L U/S＝L

● 髪質
細毛で量も少ない。ミドル〜ハイダメージ毛

● Cut
バング周りをマッシュラインのアウトラインで決めて、そこからハイレイヤーで耳後ろまでつなげる。バックはワンレングス。バックセンターからレイヤーでフロントに向かってカット。バックは重く、フロントは軽いカットベースにする。セニングはもともとかなり入っている。CとJカールをミックスするつもりでいるので、毛先2/3から浅めにセニングレイヤー。

● Perm
顔周りはしっかりしたカール感が欲しいので、毛先巻きで1.5回転。フロントにカールが集まるように、前に引き出して巻く。毛がたまる耳後ろだけは1回転。バックはアンダー、オーバー共に1.5回転。

● Data
前処理剤はケラチン＋コラーゲンのPPT、CMC。1剤はシステアミン、自然放置10分。2剤はブロム酸7分＋7分。

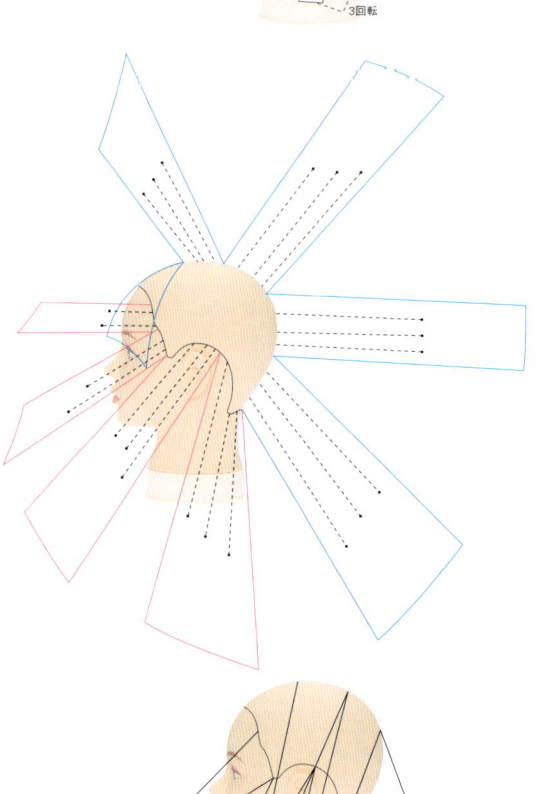

P12 毛先のみのゆるめカールスタイルだが、耳上だけは強めにしてフォルム補正

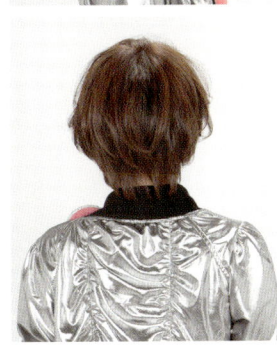
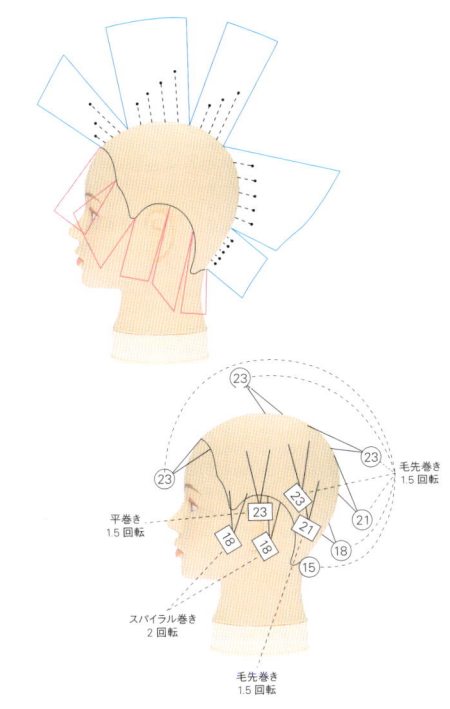

● External　 ^O_S=L　^M_S=G　^U_S=L
● Internal　 ^O_S=L　^M_S=G　^U_S=L

● 髪質
毛量は普通だが軟毛。ミドルダメージ。

● Cut
前上がりラインのエクスターナルをカットした後、バックセンターから斜めスライスでハチ付近までレイヤーを入れる。そこからは横スライスで、リフトアップしながらバングにつなぐ。セニングは、エクスターナルのオーバーとミドルにはセニングレイヤー。バックのオーバーはセニングレイヤーで、ミドルは深めのセイムレイヤー、アンダーはルーツセニング。

● Perm
サイドの耳周りの18mmのみ2回転のスパイラル巻き。ここのみ強くカールをつけて、正面からのシルエットを作る。他はすべて1.5回転の毛先巻き。つぶれやすい髪なので、トップも毛先巻きでふんわり感を出す。

● Data
前処理剤はケラチン+コラーゲンのPPTを毛先のみに。1剤はシステアミンつけ巻き、自然放置7分。2剤はブロム酸7分+7分。

P13 くびれのないシルエットに、顔周りだけリバース巻きにしたロングウエーブ

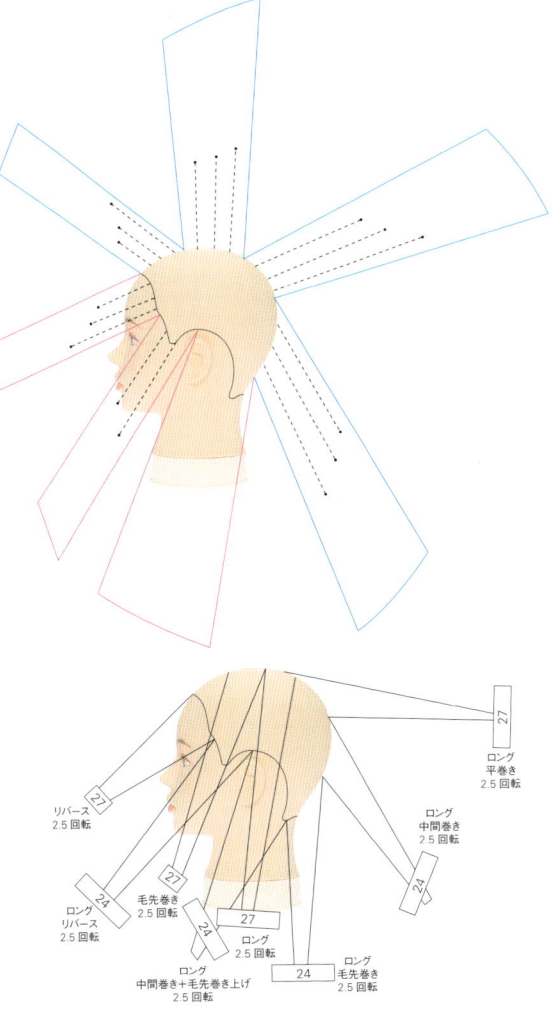

● Externall　^O_S=L　^M_S=G　^U_S=G
● Internal　 ^O_S=L　^M_S=G　^U_S=G

● 髪質
普通毛だがキューティクルが厚く、薬剤は浸透しにくい。

● Cut
顔周りは前上がりのラインでカットし、バングはセイムでカット。そこからつなげるように、耳上までセイムでカット。バックのアウトラインはほぼワンレングス。バックセンターから前に向かってレイヤーを入れて、フロント側に重さがたまるようにする。セニングは、顔周りはセニングレイヤーで、他はセイム状のセニングレイヤー。オーバーはカットラインと平行に入れる。中間巻きをするので、セニングは中間までで止める。

● Perm
顔周りだけは普通ロッドでリバースに2.5回転。その下はロングロッドでリバースに2.5回転。アウトラインは毛先巻きと中間巻きの2.5回転をランダムに配置する。オーバーはゆるめにしたいので、平巻きの2.5回転。

● Data
前処理剤はケラチン+コラーゲンのPPT、CMC。1剤はスチーム用のシステアミン（スチームで膨潤させてから使用）、自然放置8分。2剤はブロム酸7分+7分。

Design Recipe

P14 すそにボリュームのあるカール感を出し、ややひし形気味のAラインシルエットに

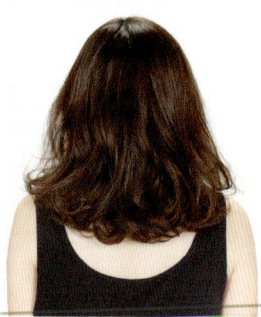

- External $\rm ^O_S=SL$ $\rm ^M_S=SL$ $\rm ^U_S=G$
- Internal $\rm ^O_S=L$ $\rm ^M_S=G$ $\rm ^U_S=G$

● 髪質
髪質は細くて柔らか。ややダメージあり。

● Cut
アンダーセクションはワンレングス。ミドル、オーバーは横スライスでそこから少しずつリフトアップさせ、Gでカット。イア・トゥ・イアより前は、耳後ろの毛が前に落ちてきて重さがたまるので、深めの位置からセニングレイヤーを入れる。バックはセニングを入れない。ペタッとしやすいオーバーにもセニングを入れない。

● Perm
アンダーは、ネープが21ミリでSカール、その他バックは21ミリでCカール。耳周りが21ミリでOカール、ミドルはすべて23ミリでCカール、オーバーは顔周りが23ミリ、バックが27ミリでCカール。バングは内側が23ミリでCカール、上が25ミリでOカール。すべて横スライスの平巻き。システアミン使用、コールドのクリープ施術。

● Data
前処理剤はケラチン+コラーゲンのPPT、CMC。1剤はシステアミンで水巻き(アンダーのみつけ巻き)5分、水洗後、モルビドスチームによるクリープ施術。2剤はブロム酸7分+7分。

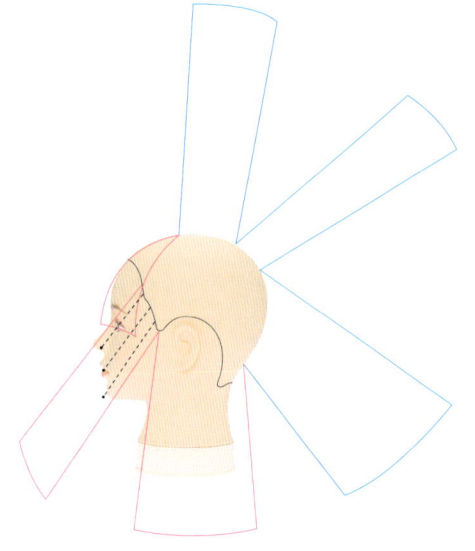
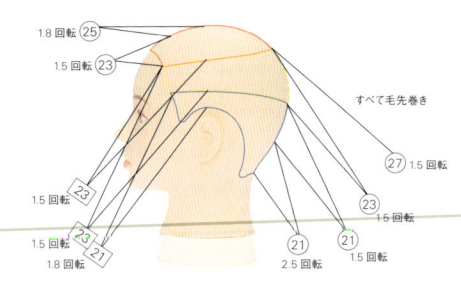

P15 パーマによるカーブを計算してGを入れ、ゆったりとした丸みを出す

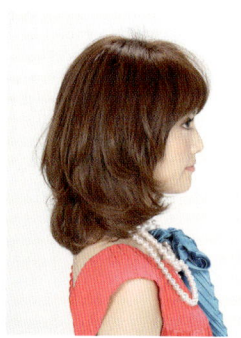
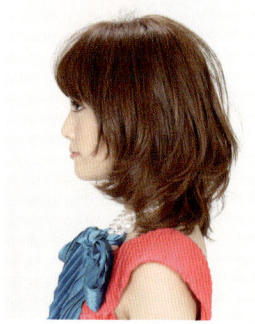
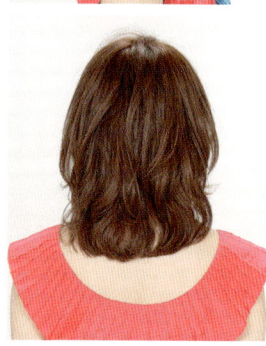

- External $\rm ^O_S=L$ $\rm ^M_S=SL$ $\rm ^U_S=G$
- Internal $\rm ^O_S=L$ $\rm ^M_S=G$ $\rm ^U_S=L$

● 髪質
細くて柔らかいが、ハリはある。ミドルダメージ。

● Cut
鎖骨レングスで前上がりのアウトラインを決めて、耳前はセイムにカット、そこから顔周りをハイレイヤーでつなげる。バックはクラウンをGでカットし、そこから徐々にセイムに移行させながらアウトラインにつなげる。セニングは、毛先Cカールのみなので、オーバーはハイレイヤー状のセニングを全体に入れる。ミドルは形を崩さないようにセイムのセニングレイヤー。

● Perm
ゆるやかなカールが欲しいので、全体を毛先から1.5回転で巻く。ただしふわっとした立ち上がりのほしいクラウンのみは、大きめのロッドで2.5回転巻き、根元を立ち上げる。バングの2本も1.5回転で根元を立ち上げる。

● Data
前処理剤は中間部分に低分子コラーゲンとCMC、毛先はケラチン+コラーゲンのPPT。1剤はシステアミンでつけ巻き、自然放置7分。中間処理剤は低分子コラーゲン。2剤はブロム酸7分+7分。

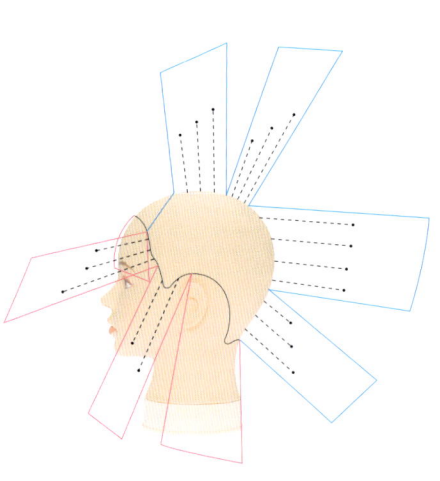
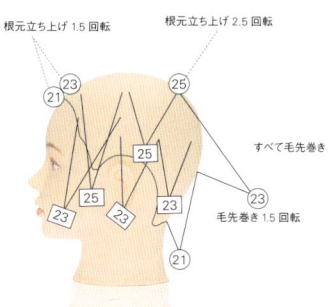

P16 カールでふんわりと丸いボリューム感を出した、マッシュシルエットのボブ

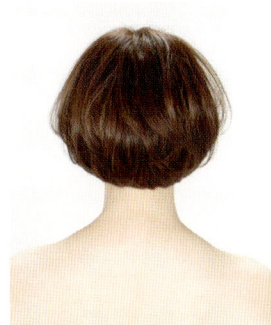

● External ♀S=L(Hi) MS=G US=G
● Internal ♀S=L MS=SL US=G

●髪質
硬くて太く、直毛でパーマがかかりにくい髪質。ハイダメージ毛。

●Cut
マッシュベースのラウンドグラにしたいので、エクスターナルをG〜L〜Gで切った後、少しずつ前にODをかけながらバックに向かう。インターナルはGでカット。バックにしっかりウエイト感を作り、グラボブのシャープ感を出す。耳上からはリフトアップして丸さを出す。その後、密度の高いアンダーはルーツセニングで落とし、顔周りは深めのセイムレイヤー状でセニング。

●Perm
アンダーのネープと耳上だけJカールで、あとはすべてCカール。オーバーは1.5回転、サイドのミドルは1.5回転で巻く。耳上は1回転、バックのネープも1回転。大きなリッジをしっかり出したいバックのミドルだけは、ホット系で1.5回転。その他のバックは1.5回転。ハチ部分から顔周りはかけない。

●Data
前処理剤はCMC。1剤はシステアミン系のつけ巻き7分、水洗後、モルビドスチームによるクリープ施術。2剤はブロム酸7分+7分。後処理剤はグロスフィリン入りのアルカリ除去剤。

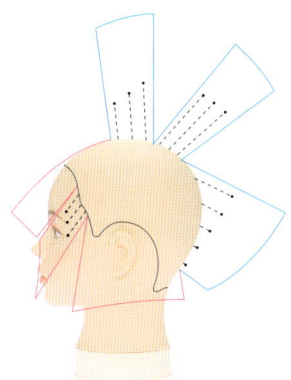
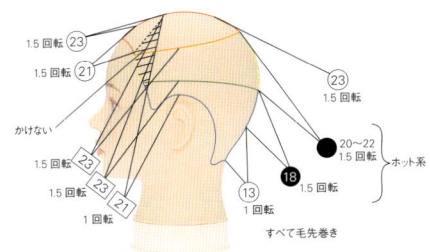

P17 ボリュームを抑えたオーバーと、アンダーのカール感でAラインを作る

● External ♀S=L MS=G US=G
● Internal ♀S=L MS=G US=G

●髪質
細くて柔らかい、クセ毛。量は多い。ミドル〜ハイダメージ毛

●Cut
鎖骨下のセミロングでやや前上がりのアウトラインを設定。顔周りにはLを入れ、そこからバックに向かって、オーバーにハイレイヤーのLを入れる。バックはミドル〜アンダーに少しだけGを入れて、若干厚みを削る。髪質がいいのでセニングはあまり必要ない。オーバーにだけ、ハイレイヤー状のセニングを入れる。

●Perm
オーバーはゆるめで、ミドルとアンダーでしっかりカールを出す。アンダーはロングロッドで、毛先を巻き上げるように中間巻き。リバースとフォワードを交互にミックスしてランダム感を出す。オーバーは中太ロッドの中間巻きで毛先逃がし。すべて2.5回転。顔周りはフォワードに中間巻きで2.5回転。

●Data
細毛だが、キューティクルは厚い。前処理剤はケラチン+コラーゲンのPPT、CMC。1剤はシステアミン、自然放置10分。2剤はブロム酸7分+7分。

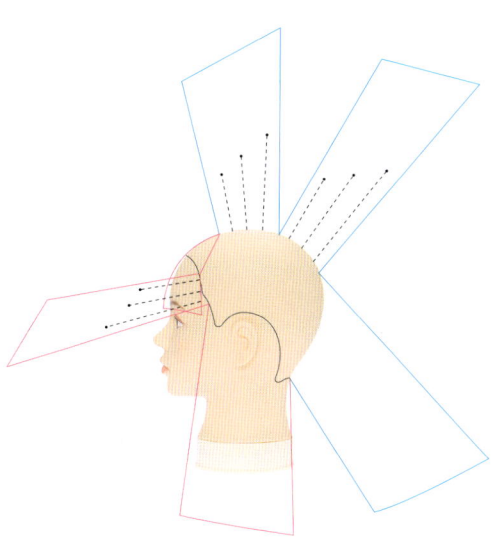
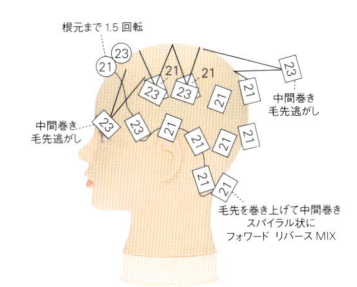

サロンワークのための新パーマメソッド
Curl Control by DADA CuBiC
カールコントロール バイ ダダ・キュービック

All technique direction

植村隆博
Takahiro Uemura

ロンドン「ヴィダル・サスーン」のスタッフ専門トレーナー時代にクリエイティブ集団「DADA」を結成。97年帰国。原宿にサロンをオープン。03年「DADA CuBiC」として拡張移転。教育アカデミー「D.D.A.」主宰。02年、03年、JHAグランプリ受賞。

吉村英美
Emi Yoshimura

ロンドン時代からDADAに参加。帰国後、サロンのオープニングメンバーに。トップカラリストとして、ヘアカラーとパーマ分野で活躍する。現在「D.D.A.」のカラークラスとパーマクラスの講師も務める。

DADA CuBiC

Stylist　　植村隆博 Takahiro Uemura
　　　　　古城 隆 Takashi Kojo
　　　　　西戸裕二 Yuji Nishido
　　　　　根岸智宏 Tomohiro Negishi
　　　　　斉藤由美 Yumi Saito
　　　　　斉藤修平 Shuhei Saito

Colorist　吉村英美 Emi Yoshimura
　　　　　川口展弘 Nobuhiro Kawaguchi
　　　　　尾上麻衣子 Maiko Onoue
　　　　　田中沙耶佳 Sayaka Tanaka
　　　　　太田篤晃 Atsuko Ota

Assistant　堤 明日香 Asuka Tsutsumi
　　　　　柳本 剛 Tsuyosi Yanagimoto
　　　　　新田みなみ Minami Nitta

and DADA CuBiC all staff

撮影協力　直本工業株式会社　〒543-0031 大阪市天王寺区石ヶ辻町19-8　TEL：06-6775-2500
　　　　　タカラベルモント株式会社 東京本社　〒107-0052 東京都港区赤坂7-1-19　TEL：03-3403-0311
　　　　　株式会社大広製作所　〒547-0001 大阪府大阪市平野区加美北4-6-32　TEL：06-6791-8377

Styling　　　大塚ノリアキ　Noriaki Otsuka
AD,Design　 株式会社インパクト・コミュニケーションズ
Photographer 新 龍二　Ryuji Atarashi（新美容出版）
Editor　　　佐久間豊美　Toyomi Sakuma（新美容出版）

定価　(本体4,000円+税) 検印省略
2009年9月17日　第一刷発行
2014年8月28日　第二刷発行
著　者　DADA CuBiC
発行者　長尾明美
発行所　新美容出版株式会社
　　　　〒106-0031 東京都港区西麻布1-11-12
編集部　TEL：03-5770-7021
販売部　TEL：03-5770-1201　FAX：03-5770-1228
　　　　www.shinbiyo.com
郵便振替　00170-1-50321
印刷・製本　三浦印刷株式会社

DADA CuBiC & Shinbiyo Shuppan Co.,Ltd.　Printed in Japan 2009

この本に関するご意見、ご感想、また単行本全般に対するご要望などを、下記のメールアドレスでも受け付けております。
post9@shinbiyo.co.jp